KB260729

인터넷으로 배우는 중국어

이경규 지음

제이앤씨
Publishing Company

머/리/말

인터넷 환경이 급속하게 발전하는 상황에서 수많은 자료와 지식들이 너무도 쉽게 클릭 몇 번으로 얻을 수 있는 상황이 되었다. 우리가 10년 전에 시작한 인터넷으로 배우는 중국어도 컴퓨터의 발전과 소프트웨어의 출현으로 더 큰 변화가 생겼다. 앞으로 어떤 변화가 생겨 사람들이 큰 시간과 노력을 들여 외국어를 배울 필요가 없어질지 모르지만 그래도 어떤 매개체를 통해 외국어를 모국어처럼 자유롭게 구사하지는 못할 것 같다.

본 교재는 대학에서 중국어를 공부하는 한 방법으로 수년전부터 시도해온 인터넷을 이용해 중국어를 배우는 방법을 소개하고 독학으로 중국어를 배울 수 있는 환경을 추구해 왔다. 이번 "인터넷으로 배우는 중국어"를 집필하는 동기도 이런 환경에 적응하며 인터넷이란 바다에 수많은 자료들 중 진정 학습에 도움이 되는 자료를 선별하는 것을 통해 학생들에게 도움이 되고자 했다. 중요한 것은 많은 자료보다는 중요한 자료 학습에 도움이 되는 자료를 찾고 이용하는 것을 강의하고 소개하려한다. 이런 과정을 통해 학생들이 스스로 중국어에 흥미를 느껴 공부를 할 수 있다면 이 책의 목적을 달성했다고 할 수 있다.

학생들이 공부를 하면서 인터넷에서 더 흥미롭고 유익한 자료를 찾아 저자에게 제공해 준다면 다음에 더 좋은 교재를 편찬하는데 도움이 되리라고 생각한다.

끝으로 어려운 출판환경임에도 이 책을 출판해주신 제이앤씨 여러분들에게 진심으로 고마움을 표한다.

강원대 연구실에서 이경규
2017년 1월

중국어 자음과 모음

중국어는 보통 한어(汉语)라고 부릅니다. "汉语"라는 말은 《현대표준한어 現代标准汉语》를 말하며 현재 북경음(北京音)을 표준음으로 정했습니다. 그런데 중국 대륙에서는 중국어 국어교과서를 어문(语文)이라고 통칭하고 같은 중국어라도 중국 대륙에서는 "보통화(普通话) 또는 "한어(汉语)"라고 부르고 대만에서는 "국어(国语)"라고 하며 싱가포르에서는 "화어(华语)"라고 부릅니다. 그 의미상 미묘한 차이가 있으나 모두 중국어를 가리키는 말입니다.

중국어는 국제연합에서 정한 여섯 가지 공식 언어중 하나이며 현재 사용하는 인구가 가장 많은 언어입니다. 중국, 대만, 싱가포르에서는 중국어가 학교에서 가르치는 공식 언어이며 관방(官方)의 언어로 인정받고 있습니다.

1. 중국어 자음(声母)

중국어에서는 자음을 성모(声母)라고 부르며 모두 21개가 있습니다. 그리고 이 자음들은 입속에서 발음되는 위치와 기관에 따라서 쌍순음(双唇音), 순치음(唇齿音), 설첨음(舌尖音), 설근음(舌根音), 설면음(舌面音), 권설음(卷舌音), 설치음(舌齿音) 등으로 나눕니다. 즉 쌍순음은 입술과 입술이 붙었다 떨어지면서 나는 소리, 순치음은 윗니를 아랫입술에 살짝 대었다가 떼면서 내는 소리, 설첨음은 혀의 끝부분에서 나는 소리, 설근음은 혀의 안쪽 깊은 곳에서 나는 소리, 설면음은 혀를 아랫니 뒤쪽에 가볍게 붙였다가 떼면서 나는 소리, 권설음은 혀를 입천장 쪽으로 구부려서 내는 소리, 설치음은 혀끝을 윗니와 아랫니가 만나는 부분에 두고 내는 소리입니다.

1) 자음의 발음 요령(한국어로 표기된 발음은 참고일 뿐입니다.)

각 자음에 대한 설명을 잘 읽고 녹음된 발음을 들으면서 따라서 연습해 보세요.

	한어병음	발음방법
쌍순음 (双唇音)	b	아래 입술과 윗입술을 붙였다 떼면서 내는 소리. 뒤에 모음 "o"를 붙여 발음한다. "뽀어"로 발음한다.
	p	"b"의 발음요령과 같고 입김을 더 강하게 내보내면서 "포어"로 발음한다.
	m	"b"의 발음요령과 같고 "모어"음을 낸다. 앞의 두 발음과 다르게 "비음"이다.

	한어병음	발음방법
순치음 (脣齒音)	f	영어 "father"의 "f"음과 같이 발음시 윗니를 아랫입술에 살짝 대었다 뗀다. "포어"로 발음한다.
설첨음 (舌尖音)	d	혀끝을 윗잇몸에 붙이고 있다가 떼면서 발음한다. 뒤에 모음 "e"를 붙여서 연습한다. "뜨어"로 발음한다.
	t	"d"의 발음요령과 같지만 더 강하게 발음하면서 "트어"로 발음한다.
	n	혀끝을 윗잇몸에 붙이고 있다가 떼면서 "느어"로 발음한다. 앞의 두 발음과 다르게 "비음"이다.
	l	"d"의 발음요령과 같고 "르어"로 발음한다. "l" 역시 "비음"이다.
설근음 (舌根音)	g	혀뿌리를 올려 입천장에 붙였다가 떼면서 목에서 끌어 올리듯 발음한다. "e"를 붙여서 연습한다. "끄어"로 발음한다.
	k	"g"와 발음요령은 같고 "크어"로 발음한다.
	h	"g"와 발음요령은 같고 "흐어"로 발음한다.
설면음 (舌面音)	j	혀를 아랫니 뒤쪽에 가볍게 붙였다가 떼면서 발음한다. "i"를 붙여서 연습한다. "지이"로 발음한다.
	q	"j"와 발음요령은 같고 "치이"로 발음한다.
	x	"j"와 발음요령은 같고 "시이"로 발음한다.
권설음 (卷舌音)	zh	혀끝을 입 천장 쪽으로 들어 올려 입천장 안쪽에서 나는 소리. 혀를 말아 올려 발음한다고 해서 권설음이라고 한다. "즈~"로 발음한다.
	ch	"zh"와 발음요령은 같고 "츠~"로 발음한다.
	sh	"zh"와 발음요령은 같고. "스~"로 발음한다.
	r	"zh"와 발음요령은 같고 "르~"로 발음한다. 위의 네 가지 권설음은 "설첨후음"이라고도 한다.
설치음 (舌齒音)	z	혀끝을 윗니와 아랫니가 만나는 부분에 두고 발음한다. 이때 입을 크게 좌우로 벌린다. "쯔"라고 발음한다.
	c	"z"와 발음요령은 같고 "츠"로 발음한다.
	s	"z"와 발음요령은 같고 "쓰"로 발음한다.

참고 : 위에서 설명한 성모에서 "m, n, l"는 비음(鼻音)이다.

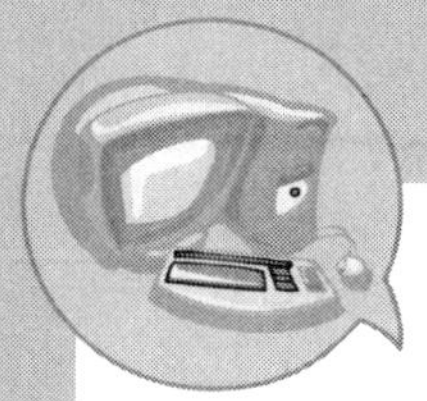

   위의 설명들은 중국어 자음을 발음하는 방법입니다. 이제 인터넷을 이용하여 발음을 하는 방법을 공부해 봅시다. 아래에 소개하는 유튜브 한어병음 발음연습 사이트에서 중국어 자음을 발음하는 요령을 익숙해 질 때까지 듣고 따라서 해보시기 바랍니다. 특히 입모양과 공기의 흐름이 그림으로 잘 나타나 있으므로 이를 유의하여 듣고 따라서 발음하세요. https://www.youtube.com/watch?v=GL7x_9HJYGk

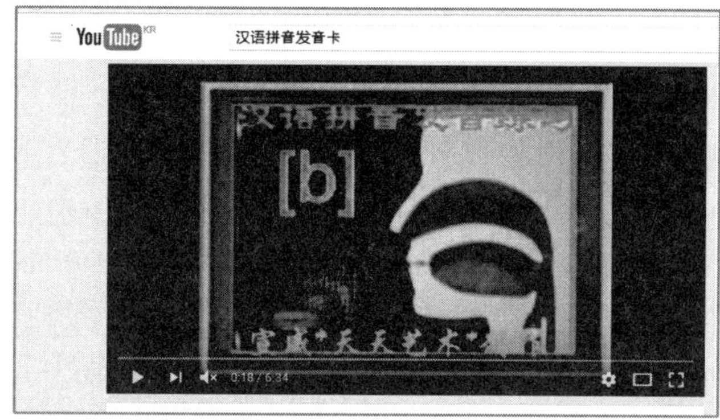

   한어병음 노래도 있습니다. 영어를 처음 공부하면서 abc를 외우던 때를 생각하며 들어봅시다. https://www.youtube.com/watch?v=H6jX4oZrlwo

자음과 모음을 함께 노래한 색다른 동영상도 있으니 들어보세요. 5분만 투자합시다.

https://www.youtube.com/watch?v=ocgsflnEgqY

이 외에도 중국어 발음을 60분이나 무료로 가르쳐주는 동영상 인터넷사이트가 있습니다. 이 사이트는 유튜브에서 영어로 설명이 되어 있지만 약 2분 정도만 지나면 한어병음을 보여주며 발음을 합니다. 여러분들이 영어에 익숙하지 않아도 제시되는 한어병음과 중국어 발음을 따라서 흉내 내면 됩니다.

http://www.youtube.com/watch?v=oexvM3bpoNE

여러분 이 사이트를 이용하여 연결된 사이트들에서도 한어병음을 연습해 보시기 바랍니다.

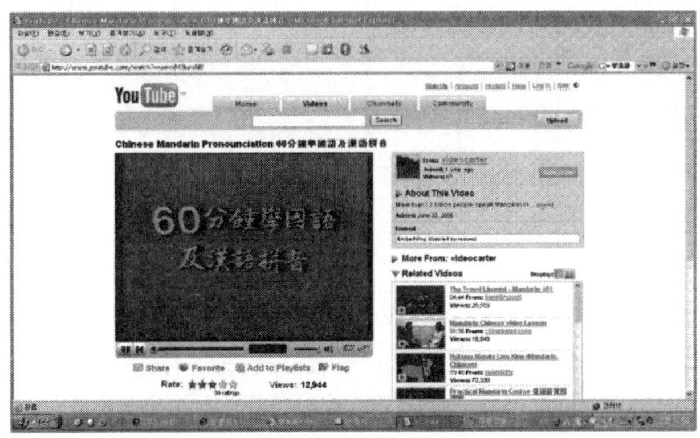

연습문제

다음 성모표의 발음을 연습한 후 녹음해서 아래 이메일로 보내세요.

파일명은 학번과 이름으로 하세요. kklee@kangwon.ac.kr

중국어 성모표

쌍순음(双唇音)	b	p	m	
순치음(唇齿音)	f			
설첨음(舌尖音)	d	t	n	l
설근음(舌根音)	g	k	h	
설면음(舌面音)	j	q	x	
권설음(卷舌音)	zh	ch	sh	r
설치음(舌齿音)	z	c	s	

<table>
<tr><td style="background:#333">2.</td><td>중국어 모음(韵母)</td></tr>
</table>

1) 기본 운모의 발음 요령

운모(韵母)란 중국어 발음에서 성모를 제외한 나머지 부분을 말한다. 중국어 운모는 모두 36개가 있다. : 단운모 6개, 복운모 4개, 비음운모 5개, 권설음모 1개, 결합운모 20개로 구성된다.

각 모음에 대한 발음 발명을 잘 읽고 녹음된 발음을 들으면서 따라서 연습해 보세요.

운모(모음)		발음 방법 및 표기법
단운모	a	입을 크게 벌리고 "아"하고 발음한다.
	o	입모양을 둥글게 하고 "오"와 "어"의 중간 발음을 낸다.
	e	입을 반쯤 벌리고 "어"라고 발음한다.
단운모 (개음)	i	"이"라고 할 때보다 입술을 좌우로 더 벌려 "이"라고 발음한다.
	u	입술을 둥글게 오므리면서 앞으로 내밀고, "우"라고 발음한다.
	ü	"우"보다 약간 더 앞으로 내밀며 "위"라고 발음한다.
복운모	ai	"a"쪽에 강세를 두어 "i"를 가볍게 붙여 읽는다. "아이"로 발음한다.
	ei	"e"쪽에 강세를 두어 "i"를 가볍게 붙여 읽는다. "에이"로 발음한다.
	ao	"a"쪽에 강세를 두어 "o"를 가볍게 붙여 읽는다. "아오"로 발음한다.
	ou	"o"쪽에 강세를 두어 "u"를 가볍게 붙여 읽는다. "오우"로 발음한다.
비음운모	an	"안"으로 발음한다. 이때 "ㄴ"은 비음을 낸다.
	en	"언"으로 발음한다. 이때 "ㄴ"은 비음을 낸다.
	ang	"앙"으로 발음한다. 이때 "ng"는 비음이 납니다.
	eng	"엉"으로 발음한다. 이때 "ng"는 비음으로 발음한다.
	ong	"옹"으로 발음한다. 이때 "ng"는 비음으로 발음한다.
권설운모	er	혀끝을 입천장 쪽으로 올려서 "달"을 발음할 때의 "ㄹ"과 같은 혀의 위치에서 "얼"로 발음한다.

2) 결합운모(결합모음)의 발음

결합운모는 단운모 중 소위 개음(介音)이라고 불리는 "i u ü"가 단운모 복운모 비음운모 등과 결합하여 발음되는 모음을 말한다.

각 모음에 대한 설명을 잘 읽고 녹음된 발음을 들으면서 따라서 연습해 보세요

(1) i와 결합하는 것

한어병음	발음 방법 및 표기법
ia	"a"쪽에 강세를 두어 "이아 → 야" 처럼 발음한다.
ie	"이에 → 예"처럼 발음한다.
iao	"이아오 → 야오"로 발음한다.
iou(iu)	"이오우 → 요우"로 발음한다. "iou"는 성모와 결합하면 "o"가 없어지고, "-iu"로 표기되니 주의한다.
ian	"이안 → 얀" 이나 실제발음은 "이엔"으로 발음하므로 특히 주의한다.
in	"in"은 원래 "ien"에서 "e"가 묵음화 한 것이다. 따라서 "인"으로 발음한다.
iang	"이앙 → 양"으로 발음한다.
ing	"ing"는 원래 "ieng"에서 "e"가 묵음화 한 것이다. 따라서 "잉"으로 발음한다.
iong	"iong"는 "이옹" → "용"으로 발음한다.

(2) u와 결합하는 것

각 모음에 대한 설명을 잘 읽고 녹음된 발음을 들으면서 따라서 연습해 보세요.

한어병음	발음 방법 및 표기법
ua	'우'와 '아'의 결합으로 '아'에 강세를 두어서 읽는다. "와"로 발음한다.
uo	'우'와 '어'의 결합으로 '어'에 강세를 두어서 읽는다. "워"로 발음한다.
uai	'우'와 '아이'의 결합으로 주모음인 "ai"에 강세를 두어 "와이"로 발음한다.

한어병음	발음 방법 및 표기법
uei(ui)	"우"와 "에이"의 결합으로 주모음인 "ei"에 강세를 주어 "웨이"로 발음한다. 단 성모와 결합할 때는 "-ui"로 표기한다.
uan	"우"와 "안"의 결합으로 주모음인 "an"에 강세를 주어 우리말의 "완"으로 발음한다.
uen(un)	"우"와 "언"의 결합으로 모음만 있을 경우는 "원"으로 발음한다. 단 성모와 결합하면 표기는 "e"가 탈락하여 "-un"으로 바뀌게 되고 "운"으로 발음한다. 예 : dun(둔)
uang	"우"와 "앙"의 결합으로 주모음인 "ang"에 강세를 주어 "우앙"으로 발음한다.
ueng	"우"와 "엉"의 결합으로 모음만 있을 경우 "웡"으로 발음한다. 이 발음은 결합하는 성모가 없고 단독으로 음절을 구성한다.

(3) ü 와 결합하는 것

각 모음에 대한 설명을 잘 읽고 녹음된 발음을 들으면서 따라서 연습해 보세요.

한어병음	발음 방법 및 표기법
üe	"위"와 "에"의 결합으로 "위에"로 발음한다.
üan	"위"와 "안"의 결합으로 표기대로 읽으면 "위안"이 되지만, 실제로는 발음이 변하여 "위엔"으로 발음되므로 주의한다.
ün	"ü"의 발음에 "ㄴ"을 붙인 것과 같다. "윈"으로 발음한다.

※ 운모 "iou" "uei" "uen"은 성모와 결합하면 "iu" "ui" "un"으로 표기한다.

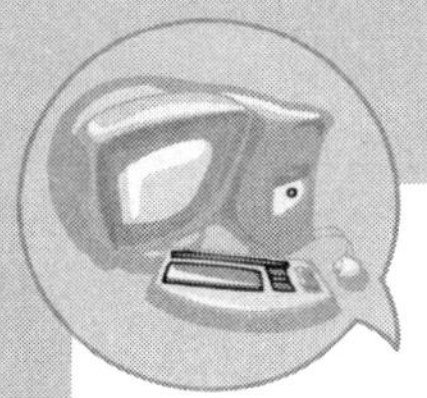

위의 모음들을 인터넷을 통해서 공부해 봅시다.

https://www.youtube.com/watch?v=qKep0hxW_hE

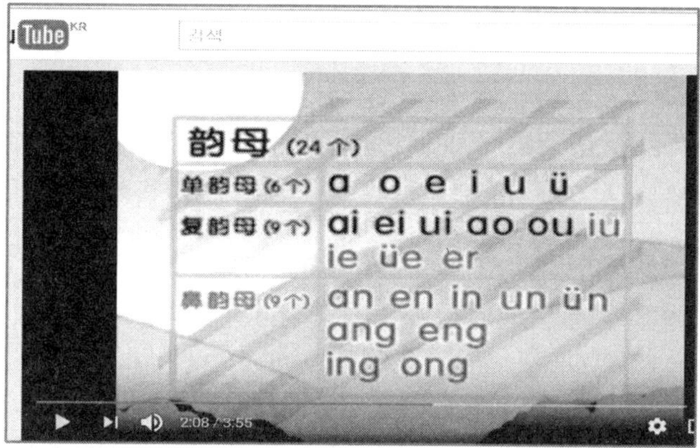

다음 자료는 한어병음의 발음요령을 설명한 자료입니다. 전반 35분 정도만 들어보세요. 특히 입모양에 유의하면서 들어보세요.

https://www.youtube.com/watch?v=LHPXFIHVtIQ

学汉语拼音

주의 : 우리가 말하는 "한어병음의 발음"이란 의미는 성모와 운모 그리고 성조를 포
　　　함합니다. 즉 이 셋이 삼위일체가 되어 개개의 중국어 발음을 형성하는 것입
　　　니다. 그러므로 발음은 좋은데 성조가 정확하지 않다고 하는 말은 애초에
　　　성립이 되지 않지요. 이 말은 처음부터 발음과 성조를 주의해서 공부해야 한
　　　다는 것입니다.

연습문제

아래에 있는 운모표를 녹음하여 이메일 kklee@kangwon.ac.kr로 제출하세요.
파일명을 학번과 이름으로 할 것

중국어 운모표

단운모	a	o	e	i	u	ü
복운모	ai	ei	ao	ou		
비음운모	an	en	ang	eng	ong	
권설운모	er					

결합모음 (i)	ia	ie	iao	iou(iu)	
	ian	in	iang	ing	iong

결합모음 (u/ü)	ua	uo	uai	uei(ui)
	uan	uen(un)	uang	ueng
	üe	üan	ün	

중국어 병음 연습

    제 1강에서 우리는 중국어 성모와 운모를 배웠습니다. 이제는 이 성모와 운모를 서로 짝지어 발음하는 연습을 할 차례입니다. 이것은 쉽게 말하면 한국어의 자음 기역 니은 디귿 …, 그리고 모음 아 오 어 …를 배운 후 자음과 모음을 합쳐서 가 갸 거 겨를 배우는 과정입니다. 본 강의에서는 중국어에 자주 나오는 발음과 틀리기 쉬운 발음을 위주로 하여 학습합니다. 그리고 차후 이 과정이 익숙해지면 중국어의 모든 발음을 배우게 될 것입니다.

1) 쌍순음 "b p m", 순치음 "f"와 단운모 "a o e i u ü"의 결합

	a	o	e	i	u	ü
b	ba	bo		bi	bu	
p	pa	po		pi	pu	
m	ma	mo		mi	mu	
f	fa	fo			fu	

2) 설첨음 "d t n l", 설근음 "g k h"와 복운모 "ai ei ao ou"의 결합

	ai	ei	ao	ou
d	dai	dei	dao	dou
t	tai	tei	tao	tou
n	nai	nei	nao	nou
l	lai	lei	lao	lou
g	gai	gei	gao	gou
k	kai	kei	kao	kou
h	hai	hei	hao	hou

3) 설첨음 "d t n l", 설근음 "g k h"와 비운모 "an en ang eng ong"의 결합

	an	en	ang	eng	ong
d	dan	den	dang	deng	dong
t	tan		tang	teng	tong
n	nan	nen	nang	neng	nong
l	lan		lang	leng	long
g	gan	gen	gang	geng	gong
k	kan	ken	kang	keng	kong
h	han	hen	hang	heng	hong

4) 설면음 "j q x"와 개음 "i"가 있는 결합운모와 결합

	ia	ie	iao	iou(iu)	ian	in	iang	ing	iong
j	jia	jie	jiao	jiu	jian	jin	jiang	jing	jiong
q	qia	qie	qiao	qiu	qian	qin	qiang	qing	qiong
x	xia	xie	xiao	xiu	xian	xin	xiang	xing	xiong

5) 설면음 "j q x"와 개음 "ü"가 있는 결합운모와 결합

(주의 : "j q x"뒤의 "ü"는 "u"로 표기한다. 단 발음은 변하지 않는다.)

	üe	üan	ün
j	jun	juan	jun
q	qun	quan	qun
x	xun	xuan	xun

6) 권설음 "zh ch sh r"과 개음 "u"가 있는 결합운모와 결합

	ua	uo	uai	uei(ui)	uan	uen(un)	uang
zh	zhua	zhuo	zhuai	zhui	zhuan	zhun	zhuang
ch	chua	chuo	chuai	chui	chuan	chun	chuang
sh	shua	shuo	shuai	shui	shuan	shun	shuang
r		ruo		rui	ruan	run	

7) 설치음 "z c s"와 단모음 "u", 개음 "u"가 있는 결합운모와 결합

	u(단모음)	uei(ui)	uan	uen(un)
z	zu	zui	zuan	zun
c	cu	cui	cuan	cun
s	su	sui	suan	sun

8) 설치음 "z c s"와 단모음 "i"와 기타 결합모음과의 결합

설치음 "z, c, s"와 단모음 "i"가 와 "zi"를 형성하면 이때 "i"는 "으"로 발음되어 "쯔"가 된다.

마찬가지로 "ci" 역시 "i"가 "으"로 발음되어 "츠"가 된다.

	i(단모음)	ai	ao	ou	ong
z	zi	zai	zao	zou	zong
c	ci	cai	cao	cou	cong
s	si	sai	sao	sou	song

※ 운모 "uei, iou, uen"은 성모와 결합하면 "ui, iu, un"으로 표기한다.

　suei → sui / jiou→ jiu　/ duen→ dun

※ 개음 "i / u / ü"의 사전식 표기법

한어병음을 배운 사람은 일단 개개의 글자의 자음과 모음을 합쳐서 발음부호를 읽는 연습을 하게 됩니다. 그런데 모음 중에서 개음(i, u, ü)으로 시작하는 말들은 사전식 표기법이 다소 달라지므로 유의하여 보아야 합니다.

① "i"로 시작되는 음절은 "i"를 "y"로 바꾸어 표기한다.

　　예 ia → ya(牙),　iao → yao(要), ie → ye(也)

　그러나 "i"가 단독으로 사용되면 "i"를 "yi"로 바꾸어 표기한다.

　　예 i →yi(衣)

　"i" 뒤에 "n"이나 "ng"가 오면 "i"를 "yi"로 표기한다.

　　예 in → yin(音),　ing → ying(应)

② "u"로 시작하는 음절은 "u"를 "w"로 바꾸어 표기한다.

　　예 ua → wa(袜),　uo →　wo(我),　uan → wan(万),

　그러나 "u"가 단독으로 사용되면 "u"를 "wu"로 표기한다.

　　예 u　→　wu(五)

③ "ü"로 시작하는 음절은 "ü"를 "yu"로 바꾸어 표기한다.

　　예 üan → yuan(远),　ün → yun(运),　üe → yue(月)

　그러나 "ü"가 단독으로 음절을 형성하면 "yu"로 표기한다.

　　예 ü → yu(玉)

④ "ü"는 "j, q, x" 뒤에서는 "u"로 표기한다. 이때 발음은 변하지 않는다.

　　예 jün → jun(军),　qüe → que(缺),　xüan → xuan(玄)

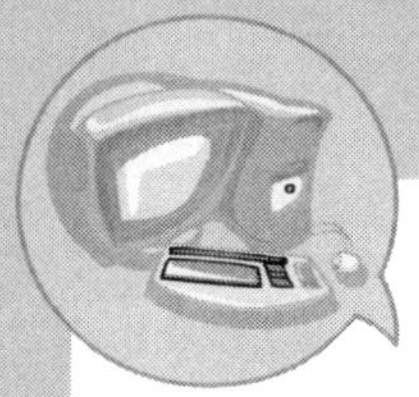

위의 도표 발음을 각각 들을 수 있는 유튜브를 공개합니다. 기본 발음부터 시작하니 처음부터 들어도 좋고 25분 정도부터 들어도 무방합니다 반드시 끝까지 들어서 귀에 중국어 발음을 익히기 바랍니다. https://www.youtube.com/watch?v=LHPXFIHVtlQ

제3강

중국어 성조

1. 중국어와 한국어 발음의 차이

　중국어와 한국어의 발음의 차이 중 가장 중요한 것은 성조입니다. 한국어에는 말의 고저와 장단이 있으나 지금 이를 구별하는 사람은 거의 없습니다. 그러나 중국어에는 말의 고저와 장단에 따라 기본적으로 네 가지 성조가 있어서 같은 발음이라도 그 의미가 달라집니다. 그러므로 글자마다 반드시 그 글자의 성조를 암기해야만 합니다. 발음은 같지만 성조에 따라서 그 의미가 달라지는 예를 들어보겠습니다.

妈　mā 1성　어머니(가장 높고 긴 소리)

麻　má 2성　삼베(아래에서 위로 올라가는 소리)

马　mǎ 3성　말(중간에서 가장 아래로 내려갔다 다시 올라가는 소리)

骂　mà 4성　욕하다(위에서 아래로 내려가는 소리)

　성조는 중국어 발음의 특성 중 하나로 글자의 높낮이를 표시한 것입니다. 모두 4가지 종류의 성조가 있고 이를 "4성"이라고 부릅니다.　같은 발음이라도 4성에 따라 뜻이 달라지기 때문에 매우 중요합니다. 그리고 이 4성 외에 가볍고 짧게 발음하는 소리라 하여 경성이 있습니다.

1) 그럼 성조란 무엇이고 어떻게 발음할까요? 보다 구체적으로 알아봅시다.

　앞에서 말한 것처럼 중국어 성조는 모두 4가지가 있습니다. 이제 이 성조에 대한 발음과 표기를 배워보도록 합시다. 아래 "4성도"를 참고하세요.

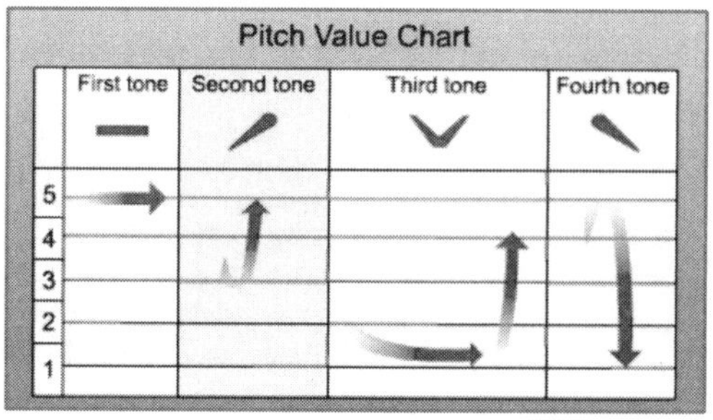

제1성 : " – "으로 표기하고 음의 높낮이에 변화가 없는 성조로 솔에서 시작하여 솔로 끝납니다. 4성중 가장 음이 높고 음의 변화가 없습니다.

　　예 他　tā　그, 그 사람

제2성 : " ／ "으로 표기하고 중간 높이인 미에서 시작해 솔까지 올린다는 느낌으로 소리를 끌어 올린다.

　　예 人　rén 사람

제3성 : " ∨ "으로 표기하고 레에서 시작하여 도까지 내렸다가 다시 파로 올라가는 느낌으로 발음한다. 3성은 뒤에 오는 단어에 따라 성조가 변함에 주의한다.

　　예 好　hǎo 좋다

제4성 : " ＼ "으로 표기하고 솔 정도의 고음에서 도로 강하고 빠르게 내린다.

　　예 大　dà 크다

경성 : 위의 4성 이외에 발음하는 방법으로 원래 성조가 있으나 발음하기 편하게 하기 위하여 원래의 성조를 무시하고 짧고 가볍게 발음합니다. 이 경우 성조에 아무런 표기를 하지 않거나 "·"으로 표기합니다.

　　예 石头　shítou　돌(头는 원 발음 tóu로 발음을 하면 "머리"라는 의미이다.)

참고 : 경성은 일반적으로 동일한 단어가 반복되면 뒤의 음절을 경성으로 발음합니다. 그렇지 않은 경우는 그 의미가 변화되기도 합니다. 또 "3성+경성"일 때 경성의 음높이가 가장 높습니다.

　　예 姐姐　jiějie 누나. 언니(중국어의 호칭은 우리나라처럼 누나와 언니를 구분하지 않습니다)

2. 성조부호의 표기법

성조부호란 1성, 2성, 3성, 4성, 경성 등을 표기하는 부호를 말한다. 알기 쉽게 아라비아숫자를 사용하여 1, 2, 3, 4로 쓰는 방법도 있고 또 ā, á, ǎ, à처럼 모음 위에 성조를 직접 표기하는 방법도 있다. 우리가 주의할 점은 한어병음 위에 성조를 표기할 때 아무 곳에나 하는 것이 아니라 주요 모음 위에만 성조를 표기할 수 있다는 점이다. 여기서 주요 모음이란 발음을 할 때 가장 강조가 되는 모음 즉 가장 입을 오래 동안 크게 벌리고 소리를 내는 모음을 말한다. 만약 한 단어에 모음이 한 개가 있으면 별 문제가 없지만 두 개 이상이면 a > o e > i u ü 의 원칙에 따라서 성조부호를 표기해야한다.

예 a와 i가 있으면 운모 a 위에 성조부호를 표시한다.

i와 e가 같이 있으면 운모 e 위에 성조부호를 표시한다.

i와 u가 같이 있을 때는 뒤에 오는 운모 위에 성조를 표기한다.

예 xiao의 경우 "a"에 성조부호를 표기한다.

zuo의 경우 "o"에 성조부호를 표기한다.

xie의 경우 "e"에 성조부호를 표기한다.

dui의 경우 "i"에 성조부호를 표기한다.

모음	a	e	i	o	u	ü	ai	ao	ei	ia	ie	io	iu	ou	ua	ui	uo	ue	iao	uai
1성	ā	ē	ī	ō	ū	ǖ	āi	āo	ēi	iā	iē	iō	iū	ōu	uā	uī	uō	uē	iāo	uāi
2성	á	é	í	ó	ú	ǘ	ái	áo	éi	iá	ié	ió	iú	óu	uá	uí	uó	ué	iáo	uái
3성	ǎ	ě	ǐ	ǒ	ǔ	ǚ	ǎi	ǎo	ěi	iǎ	iě	iǒ	iǔ	ǒu	uǎ	uǐ	uǒ	uě	iǎo	uǎi
4성	à	è	ì	ò	ù	ǜ	ài	ào	èi	ià	iè	iò	iù	òu	uà	uì	uò	uè	iào	uài

모음 성조부호 표시도

3. 성조연습

이제 자음과 모음 성조를 배웠으니 이 셋을 함께 붙여 읽는 연습을 해봅시다. 먼저 아래 소개하는 7분 정도의 짧은 유튜브 강의를 들어보시기 바랍니다.

https://www.youtube.com/watch?v=yiEbV5cY7Bs

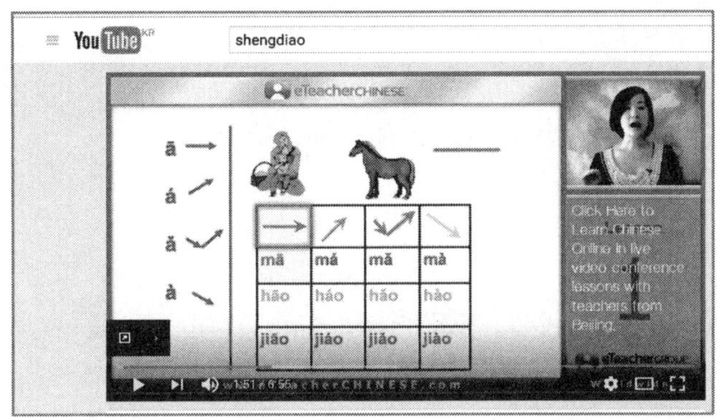

4. 각 성조와 조합되는 성조 연습

1) 1성과 결합하는 단어

① 제1성+제1성

> 예 春天 chūn tiān 봄, 秋天 qiū tiān, 가을

② 제1성+제2성

> 예 家庭 jiā tíng 가정, 工人 gōng rén 근로자

③ 제1성+제3성

> 예 开始 kāi shǐ 시작하다　方法 fāng fǎ 방법

④ 제1성+제4성

> **예** 高兴 gāo xìng 기쁘다　音乐 yīn yuè 음악

⑤ 제1성+경성

> **예** 衣服 yī fu 옷　东西 dōng xi 사물

2) 2성과 결합하는 단어

① 제2성+제1성

> **예** 昨天 zuó tiān 어제　时间 shí jiān 시간

② 제2성+제2성

> **예** 人民 rén mín 백성　文明 wén míng 문명

③ 제2성+제3성

> **예** 苹果 píng guǒ 사과　词典 cí diǎn 사전

④ 제2성+제4성

> **예** 程度 chéng dù 정도　条件 tiáo jiàn 조건

⑤ 제2성+경성

> **예** 学生 xué sheng 학생　石头 shí tou 돌(맹이)

3) 3성과 결합하는 단어

① 제3성+제1성

> **예** 老师 lǎo shī 선생님　北京 Běi jīng 북경

② 제3성+제2성

> 예 美国 Měi guó 미국　语言 yǔ yán 언어

③ 제3성+제3성

> 예 了解 liǎo jiě 이해하다　水果 shuǐ guǒ 과일

④ 제3성+제4성

> 예 考试 kǎo shì 시험　礼物 lǐ wù 선물

⑤ 제3성+경성

> 예 早上 zǎo shang 아침　喜欢 xǐ huan 좋아하다

4) 4성과 결합하는 단어

① 제4성 +제1성

> 예 汽车 qì chē 자동차　唱歌 chàng gē 노래하다

② 제4성 +제2성

> 예 问题 wèn tí 문제　去年 qù nián 작년

③ 제4성 + 제3성

> 예 汽水 qì shuǐ 사이다　汉语 hàn yǔ 중국어

④ 제4성 +제4성

> 예 纪念 jì niàn 기념　作业 zuò yè 숙제

⑤ 제4성 + 경성

> 예 弟弟 dìdi 동생　谢谢 xiè xie 고맙습니다

5. 성조의 변화

① "3성 + 3성"의 경우

3성이 겹쳐서 올 경우 발음을 수월하게 하기 위하여 앞의 3성이 2성으로 바뀝니다.

예 你好 nǐ hǎo (안녕하세요)가 "ní hǎo"로 됩니다.

② "不"자의 성조변화

"不"는 원래는 4성인데 1성 2성 3성 등의 글자가 뒤에 오면 원래대로 4성으로 발음한다. 그런데 "不" 뒤에 4성의 글자가 오면 "不"는 2성으로 변한다.

예 不是 búshì 아니다

③ "一"자의 성조변화

"一"자는 원래 1성이지만 4성이나 4성의 글자가 경성으로 발음되는 글자 앞에서는 2성으로 바뀐다.

예 一块 yíkuài 한 조각

　　 一个 yíge　 한 개(个는 원래 4성인데 경성이 되었다.)

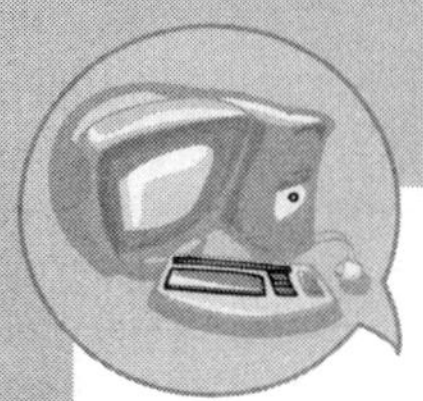

성조연습은 매우 중요합니다. 우리 학생들이 좋아할 제목인 간단하고 쉽게 보이는 "5분만에 끝나는 중국어 성조" 동영상이 있어 소개합니다.

https://www.youtube.com/watch?v=xDyjrJPvm7s

연습문제

다음 단어를 읽고 녹음하여 이메일로 제출하세요.

파일명은 학번과 이름으로 하세요. kklee@kangwon.ac.kr

春天 chūn tiān 봄	家庭 jiā tíng 가정
开始 kāi shǐ 시작하다	方法 fāng fǎ 방법
学生 xué sheng 학생	石头 shí tou 돌(맹이)
老师 lǎo shī 선생님	北京 Běi jīng 북경
早上 zǎo shang 아침	喜欢 xǐ huan 좋아하다
弟弟 dìdi 동생	谢谢 xiè xie 고맙습니다

제4강

인사말 익히기

1. 인사말

你好吗?
Nǐ hǎo ma?

안녕하세요?

你好?
Nǐ hǎo?

안녕하세요.(답변도 된다)

您好!
Nín hǎo?

안녕하십니까?

我很好。
Wǒ hěn hǎo.

(나는) 잘 있어.

새로 나온 단어

- 你 nǐ 는 당신이란 2인칭대명사
- 您 nín은 你의 존칭이다. 이 단어는 자신보다 윗사람에게 사용하거나 처음 만난 사람에게 인사할 때 사용하면 좋다.
- 好 hǎo는 형용사로 "좋다"라는 의미다 여기서는 인사말로 사용되었다.
- 吗 ma는 평서문을 의문문으로 만드는 의문조사이다. 우리말의 "~입니까?"에 해당한다. "吗"는 문장의 맨 뒤에 오고 항상 의문문을 만든다.
- 我 wǒ "나" 일인칭대명사
- 很 hěn "매우" (비교급). 보통 인사말에서 好와 붙어서 很好의 형식으로 사용한다. 이때 很은 정도를 표시하는 부사이고 好는 형용사이다.

어법 및 해설

① 你와 您에 대하여

중국어의 대명사는 모두 인칭대명사, 지시대명사, 의문대명사 세 종류가 있습니다. 인칭대명사는 我, 你(您), 他, 她, 我们, 他们, 你们(나, 너, 그, 그녀, 우리, 우리들, 너희들) 등이 있다. 여기서 주의할 것은 "你"와 "您"의 용법이다. "你"와 "您"은 모두 2인칭 단수 대명사이다. "你"는 일반형이고 "您"은 존칭으로 상대를 높여 부르는 말이다. 일반적으로 "你"의 복수는 복수형 접미사 "们"을 붙여 "你们"으로 만들면 단수가 복수형이 된다. 그러나 "您"은 이와 같이 사용할 수 없고 뒤쪽에 수사를 붙여서, 예를 들어 "您二位 nín èrwèi 두 분", "您三位 nín sānwèi 세 분"등으로 표현한다.

② 吗 mà 조사로 문장 끝에 사용하여 의문의 어감을 표시한다. "吗"는 시비를 가리는 의문문에 사용하여, 질문자가 사건의 전모를 말하고 타인에게 긍정 혹은 부정의 대답을 요구한다.

보통 중국 사람은 친구의 경우 특히 학교에서 만나면 "밥 먹었어 吃饭了吗?(Chī fàn le ma?)"나 "너 어디 가니? 你去那儿?(Nǐ qù nǎr?)"로 묻기도 하는데 이 경우 정말 밥을 먹었는지 안 먹었는지 궁금해서 묻는 것은 아니다. 이런 말도 다른 종류의 인사말인 것이다. 이런 인사말은 우리도 그렇지만 습관적인 대화가 많다.

③ 很 : hěn 부사로 많이 쓰이며 "매우"의 의미로, 정도가 상당히 높음을 표시하지만 최고인 것은 아니다.

奶奶 很 爱 孩子们。

Nǎinai hěn ài háizimèn.

할머니는 아이들을 매우 사랑한다.

2. 이름 묻기

您贵姓?
Nín guì xìng?

성함이 어떻게 되시나요?

敝姓李。您贵姓?
Bì xìng Lǐ。Nín guì xìng?

저는 이씨입니다. 당신은 성함이 어떻게 되시나요?

我姓张。
Wǒ xìng Zhāng.

저는 장입니다

您叫什么名字?
Nín jiào shénme míngzi?

당신은 이름은 무엇입니까?

我叫李信。
Wǒ jiào Lǐ Xìn

저는 이신이라고 합니다.

他叫什么名字?
Tā jiào shénme míngzi?

그 사람은 이름이 무엇인가요?

他叫陈泰真。
Tā jiào Chén Tàizhēn.

그는 진태진입니다.

새로 나온 단어

□ **贵姓?** guì xìng? 성함이 어떻게 되시나요?

□ **李** Lǐ 이씨

□ **敝** bì "나" 1인칭대명사 我의 겸칭.

□ **姓** xìng 성

□ **叫** jiào ~라고 부르다.

□ **名字** míngzi 이름

□ **他** tā 그 3인칭 대명사

□ **张** Zhāng 장씨

□ **什么** shénme 무엇 (의문대명사)

□ **李信** Lǐ Xìn 이신 인명.

□ **陈泰真** Chén Tàizhēn. 진태진 인명.

어법 및 해설

① 您贵姓?

상대방의 이름을 물을 때 관용적으로 사용하는 용법이다. 贵姓大名?(guìxìng dàmíng)이라고도 물을 수 있다.

② 敝姓

敝는 我를 낮추어서 표현하는 겸양어다. 贵姓?에 대한 답변으로 免贵 miǎn guì (저는요)라고 말할 수 있다.

③ 什么

什么는 의문대명사로 "무엇"이란 뜻이다. 평서문을 의문문으로 만든다.

④ 他 tā 그

3인칭 대명사로, 특히 여자를 표현할 때는 他 tā자를 사용한다.

⑤ 한어병음으로 고유명사, 사람이름, 지명 등을 표현 할 때는 첫자를 대문자로 쓴다.
예: 张 Zhāng 장씨, 北京 Běijīng 북경

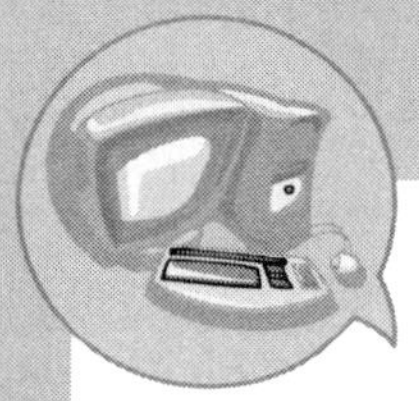

1. 인터넷으로 인사말 배우기

인사말과 관련된 네이버 글로벌 회화 자료입니다. 내용이 상당히 풍부하니 들어보세요.

http://phrasebook.naver.com/detail.nhn?bigCategoryNo=2&middleCategoryNo=21&small CategoryNo=145&targetLanguage=cn

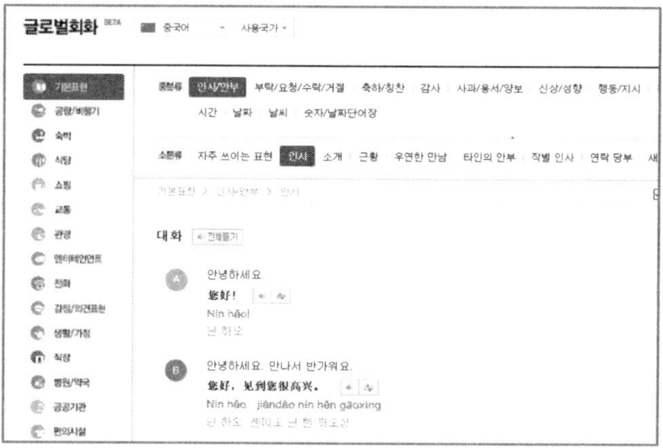

2 한글 워드에서 중국어 입력방법 소개

여기서는 한글워드를 사용하여 직접 중국어를 입력해 보는 것을 배워봅시다. 아주 간단합니다. 여러분들은 한자의 한어병음만 알고 있으면 되지요. 여기서는 단축키로 배워보겠습니다. 이것도 외웁시다.

먼저 "Alt+F2"키를 동시에 누릅니다. 그러면 다음과 같은 "입력기 환경 설정" 창이 뜹니다. 그다음 입력기 환경 설 정창에서 "제2글자판"을 클릭하여 "중국어간체, 병음"을 선택한 후 "설정"키를 누르면 됩니다. 아니면 한글의 메뉴 목록 중 "도구(K)"를 클릭한 후 "글자판" → "글자판 바꾸기"를 클릭하면 마찬가지로 "입력기 환경설정" 창이 나타납니다.

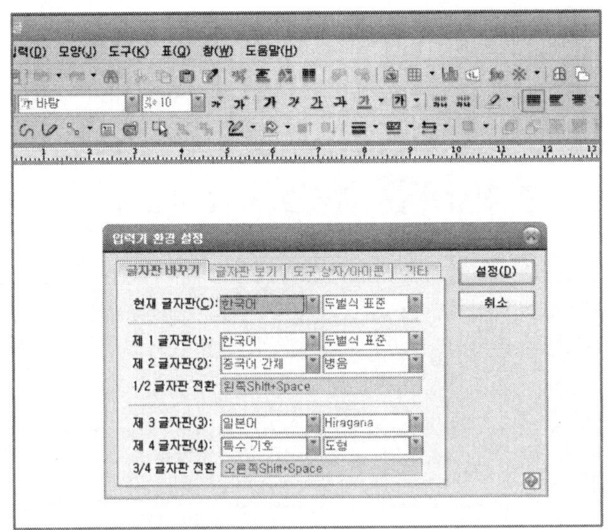

아래 그림은 한글워드에서 중국어 간체를 직접 입력할 수 있다는 것을 표기하는 것입니다.

이제부터는 한글워드에서 "왼쪽Shift+Space 바"를 동시에 친후 한어병음을 치면 한국어 입력상태(한)에서 한자를 입력할 수 있는 "중국어 입력상태(中)"로 바뀝니다. 이것을 확인하는 방법은 한글워드의 우측 하단이 아래와 같이 바뀝니다.

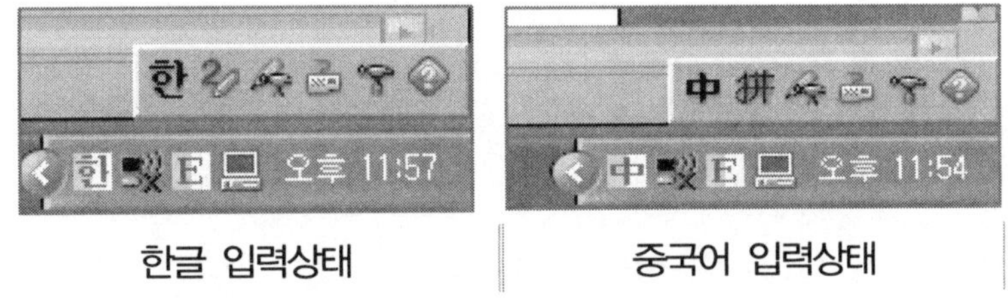

한글 입력상태	중국어 입력상태

그럼 다 같이 한번 실습을 통하여 한글에서 직접 한어병음 입력을 배워봅시다.

① 컴퓨터에서 먼저 한글워드를 연 후

② "왼쪽 shift + Space"키를 동시에 누릅니다.

③ "ni"라고 친후 "스페이스 바"를 친다.

④ 그러면 ni가 你로 바뀐 것을 확인할 수 있을 것입니다. 마지막 엔터를 친다.

완성!! 성공입니다.

이제 여러분은 한글로 중국어를 직접 입력할 수 있겠네요. 축하합니다.

(참고 : ③번을 완료한 후 화살표(↓)를 누르면 발음이 "ni"인 다양한 한자들이 뜹니다. 여기서 원하는 한자를 선택한 후 엔터를 쳐 입력합니다.)

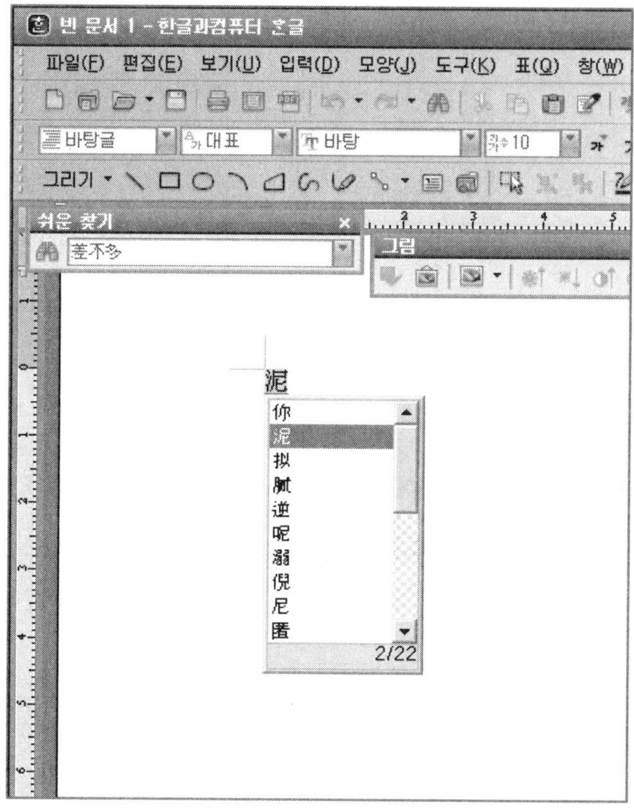

③번을 완료하고 화살표를 친 상태, 단어 창이 열렸다. 여기서 원하는 한자를 선택하고 엔터를 치면 됩니다.

주의 : 한글워드에서 "ü"를 입력하려면, 예를 들어 "绿 lǘ"를 입력하려면 자판을 한어병음 입력으로 바꾼 후 자판의 "lv"를 치면 됩니다.

간체자 쓰기 연습

吗 ma	吗	吗	吗					
我 wǒ	我	我	我					
你 nǐ	你	你	你					
您 nín	您	您	您					
很 hěn	很	很	很					
好 hǎo	好	好	好					
爱 ài	爱	爱	爱					
贵 guì	贵	贵	贵					
什 shén	什	什	什					
么 me	么	么	么					
张 zhāng	张	张	张					

MEMO

弟弟上学

동생이 학교에 가다

회화

妈妈 ： 马路上有大汽车，也有小汽车。
Mǎlù shàng yǒu dà qìchē, yěyǒu xiǎo qìchē.

车子转来转去。
Chēzi zhuàn lái zhuàn qù.

你要小心的带他去。
Nǐ yào xiǎoxīn de dài tā qù.

赞美 ： 妈，你放心吧。我已经告诉弟弟了。
Mā, nǐ fàngxīn ba. Wǒ yǐjing gàosu dìdile.

如果前面是红灯的话， 不要走。
Rúguǒ qiánmiàn shì hóngdēng dehuà, búyào zǒu.

等绿灯亮了，过马路。
Děng lùdēng liàngle, guò mǎlù.

庆一 ： 好! 我一定记住。
Hǎo! wǒ yídìng jì zhu.

새로 나온 단어

- 马路 mǎlù 큰길
- 也 yě ~도, 역시
- 小心 xiǎoxīn 조심하다
- 汽车 qìchē 자동차
- 转 zhuàn 돌다
- 带 dài 데려가다

□ 放心 fàngxīn 안심하다　　□ 告诉 gàosu 말하다

□ 弟弟 dìdi 동생　　□ 如果 ~的话 rúguǒ~dehuà 만약~라면

□ 红灯 hóngdēng 붉은 신호등　　□ 绿灯 lǜdēng 초록 신호등

□ 不要 búyào …하지 말라　　□ 亮 liàng 빛을 내다, 밝다

□ 记住 jìzhu 확실히 기억하다　　□ 一定 yídìng 반드시, 꼭

해석

마　마 : 길에는 크고 작은 자동차들이 있다. 차들이 왔다갔다한다.
　　　　너는 조심해서 동생을 데리고 가라.
짠메이 : 엄마, 안심하세요. 나는 동생에게 이미 말했어요.
　　　　만약 앞에 빨간등이면 가지 말고
　　　　파란등이 켜지기를 기다렸다가　길을 건너가라고요.
칭　이 : 네! 나는 꼭 기억할거에요.

어법 및 해설

① "有"의 용법

일반적으로 「주어+有+명사」의 형식으로 사용한다. "有"는 소유하다·존재하다의
뜻으로 문장의 술어로 사용되고 항상 목적어를 갖는다. 부정문에는 "没有"를 사
용한다.

"有"가 존재하다는 의미일 때, 명사 또는 시간이나 장소를 가리키는 방위사가 주
어가 된다.

① 我有钱。　　　　　　나는 돈이 있다.　　　주어　有　목적어
　　Wǒ yǒu qián.

② 约翰有辞典。　　　　요한은 사전이 있다.　주어　有　목적어
　　Yuēhàn yǒu cídiǎn.

② "吧"자 용법

조사로 문장의 뒤에 사용하여 의논 제기 청구 명령 독촉등의 어기를 표현한다.

① 等等儿, 我先吃吧。　　기다려요 내가 먼저 먹을 게요.

　　Děng děngr, wǒ xiān chī ba.

② 我们一起走吧。　　우리 같이 갑시다.

　　Wǒmen yīqǐ zǒu ba.

③ 你把那本书跟他要回来吧!　너는 그에게서 그 책을 되찾아 오너라!

　　Nǐ bǎ nā běn shū gēn tā yào huí lái ba!

③ "如果~的话"

"~이라면"의 의미로 가정을 표현한다. 如果, 要是 등과 같은 접속사가 앞에 오면 "的话"는 생략할 수 있다.

① 如果你有事的话, 就不用来了。　만약 네게 일이 있다면, 오지 않아도 된다.

　　Rúguǒ nǐ yǒushì dehuà, jiù bú yòng láile.

② 要是天气好, 我就走。　만일 날씨가 좋다면, 나는 가겠다.

　　Yàoshi tiānqì hǎo, wǒ jiù zǒu.

④ "转来转去"의 용법

중국어 조어법(造语法)은 매우 다양하다.

"转来转去(zhuànlái zhuànqù)"는 "A来A去"의 조어법이다. 이와 유사한 예를 들어 보면 "回来回去(huílái huíqù)"는 "왔다 갔다 하다". "进来进去(jìnlái jìnqù)는 "들락날락하다". "说来说去(Shuōlái shuōqù)는 "이리저리 둘러대다." 등이 있다. 우리는 이러한 예로부터 「동사+来+동사+去」라는 구문이 어떤 동작의 반복이라고 하는 특별한 의미를 갖는 것을 알 수 있다.

응용표현

① 我们是朋友。
Wǒmen shì péngyǒu.
우리는 친구다.

② 我们不是朋友。
Wǒmen búshì péngyǒu.
우리는 친구가 아니다.

③ 中国大。
Zhōngguó dà.
중국은 크다.

④ 中国不大。
Zhōngguó bú dà.
중국은 크지 않다.

보충단어

- 但以理 Dàn yǐ lǐ 다니엘
- 漂亮 piàoliang 아름답다
- 约翰 Yuēhàn 요한
- 老师 lǎoshī 선생
- 朋友 péngyǒu 친구
- 辞典 cídiǎn 사전

기초 어법 설명

1) 명사 술어문
  술어가 명사로 되어있고 "A는 B이다(A是B)"라는 형식의 문장을 명사 술어문이
  라고 한다. 일반적으로 술어는 주어와 동격이다.

① 他是新生。　　　그는 신입생이다.　　　주어　是　명사

Tā shì xīnshēng.

② 但以理是老师。　　다니엘은 선생이다.　　주어　是　명사

Dàn yǐ lǐ shì lǎoshī.

명사 술어문의 부정문은 동사 술어문의 부정문에서 동사 앞에 "不"를 놓듯이 "是" 앞에 "不"를 사용한다. 단 명사 술어문의 부정문에서는 "没"는 사용하지 않는다.

① 他不是新生。　　　그는 신입생이 아니다.　　주어　不是　명사

Tā bú shì xīnshēng.

② 但以理不是老师。　　다니엘은 선생이 아니다. 주어　不是　명사

Dàn yǐ lǐ bú shì lǎoshī.

② 형용사 술어문

술어가 형용사로 되어있고 주어의 상황을 설명한다. "A는 …하다"의 의미이다.

① 他高兴。　　　　　그는 기뻐한다.　　　　　주어　　형용사.

Tā gāoxìng.

② 赞美漂亮。　　　　찬미는 예쁘다.　　　　　주어　　형용사

Zànměi piàoliang.

형용사 술어문의 부정문은 동사 술어문과 마찬가지로 형용사 앞에 "不"를 놓으면 된다.

① 他不高兴。　　　　그는 기뻐하지 않는다.　　주어　不　형용사.

Tā bù gāoxìng.

② 赞美不漂亮。　　　찬미는 예쁘지 않다.　　　주어　不　형용사

Zànměi bú piàoliang.

변환연습

弟弟要上学了, 他很高兴。		Dìdi yào shàngxuéle, tā hěn gāoxìng.	
哥哥	我	Gēge	, wǒ
妹妹	妈妈	Mèimei	, māma

간체자

- □ 红灯 (紅燈)
- □ 钱 (錢)
- □ 转来 (轉來)
- □ 中国 (中國)
- □ 辞典 (辭典)
- □ 书 (書)
- □ 高兴 (高興)

연습문제

다음 문장에 한어병음을 표기하여 이메일 kklee@kangwon.ac.kr로 제출하세요.
파일명을 학번과 이름으로 할 것

① 你要小心的带他去。
② 如果前面是红灯的话, 不要走。

1. 컴퓨터 활용: 여러분의 컴퓨터나 핸드폰에 Line 중영사전을 설치해서 공부해 보기 바랍니다.

https://www.onestore.co.kr/userpoc/apps/view?pid=0000700504

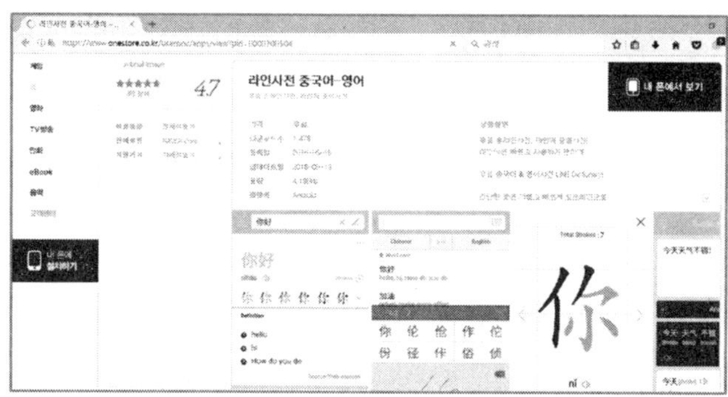

PC 용도 있습니다. 여기서는 PC용을 예로 설명합니다.

http://ce.linedict.com/dict.html#/cnen/home

"금일회화"를 통해 그날 그날 회화를 한구절씩 공부할 수 있고 아래 대화난을 클릭하면 대화를 중국어와 영어로 들을 수 있습니다. 다양한 내용이 매우 풍부하게 제공되어 여러분의 호기심을 만족시킬 것입니다

2. 가족에 대한 단어를 학습해 봅시다. 다음 동영상은 www.liuxuekorea.com 에 있는 자료입니다. 한국에 유학 온 중국인을 대상으로 한국어를 교육하는 동영상입니다. 역으로 생각하여 우리가 중국어를 배우는 방법으로 활용해 봅시다.

https://www.youtube.com/watch?v=BG3uQja0erc

위 사이트는 한국으로 유학을 온 외국인들에게 한국어를 강의하는 곳입니다. 생활 한국어로 제1과 가족에 대한 내용입니다. 주로 가족 간 호칭과 구성원 표현을 공부합니다.

马	马	马	马						
mǎ									
汽	汽	汽	汽						
qì									
车	车	车	车						
chē									
转	转	转	转						
zhuàn									
来	来	来	来						
lái									
带	带	带	带						
dài									
经	经	经	经						
jīng									
诉	诉	诉	诉						
sù									
灯	灯	灯	灯						
dēng									
过	过	过	过						
guò									
记	记	记	记						
jì									

你做什么?

너 뭐하고 있었냐?

甲 ： 你干什么?
Nǐ gàn shénme?

乙 ： 我在看杂志和报纸。
Wǒ zài kàn zázhì hé bàozhǐ.

甲 ： 他们正在做什么?
Tāmen zhèngzài zuò shénme?

乙 ： 马利雅在唱歌儿，约翰在跳舞。
Mǎ lìyā zài chàng gēr, Yuēhàn zài tiàowǔ.

甲 ： 他们是哪国人?
Tāmen shì nǎ guórén?

乙 ： 马利雅是美国人，约翰是英国人。
Mǎ lìyā shì Měiguó rén, Yuēhàn shì Yīngguó rén.

甲 ： 她是学生吗?
Tā shì xuésheng ma?

乙 ： 她不是学生，是老师。
Tā búshì xuésheng, shì lǎoshī.

새로 나온 단어

- 干 gàn ~하다.
- 是 shì ~이다.
- 杂志 zázhì 잡지
- 和 hé ~과
- 报纸 bàozhǐ 신문
- 正在 zhèngzài 마침 ~하는 중이다
- 马利雅 Mǎlìyā 마리아
- 约翰 Yuēhàn 요한
- 跳舞 tiàowǔ 춤추다
- 美国 Měiguó 미국
- 英国 Yīngguó 영국
- 学生 xuésheng 학생
- 老师 lǎoshī 선생
- 她 tā 그녀

해석

갑 : 너 뭐하고 있냐?

을 : 나는 잡지와 신문을 보고 있다.

갑 : 그들은 뭐하고 있나요?

을 : 마리아는 노래를 하고 요한은 춤을 추고 있다.

갑 : 그들은 어느 나라 사람인가요?

을 : 마리아는 미국인이고 요한은 영국인이다.

갑 : 그녀는 학생인가요?

을 : 그녀는 학생이 아니라 선생이다.

어법 및 해설

1 干

동사로 "…하다, 저지르다"의 의미이다. 속어로 사용되고 일반적으로 "做"를 대체해서 사용할 수 있다. "干什么"는 "무엇을 하는가?"라는 의미로 사용되지만 때로는 "어째서"라는 의미로 사용되기도 한다.

① 你刚才干什么呢?　　너 방금 뭐하고 있었어?

　Nǐ gāngcái gàn shénme ne?

② 你干什么不去?　　너는 어째서 가지 않는가?

　Nǐ gàn shénme bú qù?

주의 : "干什么"는 원인이나 목적을 묻는 것이어서 객관적 사물의 도리를 묻는 데에는 사용할 수 없다. 이럴 경우는 "为什么"나 "怎么"를 사용한다.

① 小孩儿为什么不能赚钱?　　어린애는 왜 돈을 벌수가 없는가?

　Xiǎo háier wèishéme bùnéng zhuànqián?

② 西瓜怎么这么大?　　수박이 어떻게 이렇게 크지?

　Xīguā zěnme zhè me dà?

②　来着

"…을 하고 있었다, … 이었다"라는 의미로 사용한다. 문장의 마지막 부분에 사용하여 일어난 행위나 일을 회상하는 기분을 나타내는 어기사이다.

① 你刚才在哪儿来着?　　당신은 방금 어디에 있었던가요?

　Nǐ gāngcái zài nǎr láizhe?

② 从前他在东门外来着。　　이전에 그는 동문밖에 있었다.

　Cóngqián tā zài dōngmén wài láizhe.

③　刚才

동작이나 상황이 조금 전에 발생한 것을 표시한다.

① 你刚才提的建议很好。　　당신이 방금 제시한 건의는 매우 좋다.

　Nǐ gāngcái tí de jiànyì hěn hǎo.

② 刚才小王打电话来, 请你回话。

Gāngcái xiǎo Wáng dǎ diànhuà lái, qǐng nǐ huíhuà.

방금 小王에게서 전화가 왔어요. 전화를 걸어주세요.

동의어 : "刚刚" 역시 "刚才"의 의미로, 일반적으로 교환사용이 가능하고 주로 구어체에서 사용한다.

④ "不是 A (就)是 B"

이 구문은 "A가 아니라 B이다"라는 의미이다. 就가 뒤가 오면 더욱 강조의 의미가 있다.

① 他每天晚上不是读书, 就是写什么。

Tā měitiān wǎnshang búshì dúshū, jiùshì xiě shénme.

그는 매일 저녁에 책을 읽지 않으면 무엇인가를 쓴다.

② 事情不是这样, 是那样。　　일이 이런 것이 아니라 그런 것이다.

Shìqíng búshì zhèyàng, shì nàyàng.

⑤ "(正)在"

"(正)在 + 동사"로 "지금~하는 중이다"라는 의미로 진행을 표현한다.

① 我在唱歌儿 弟弟在跳舞。　　나는 노래를 부르고 동생은 춤을 추고 있다.

Wǒ zài chànggēr dìdi zài tiàowǔ.

② 姐姐正在做功课。　　언니는 마침 공부를 하고 있다.

Jiejie zhèngzài zuò gōngkè.

보충단어

☐ 赚钱 zhuànqián 돈을 벌다　　☐ 西瓜 xīguā 수박
☐ 读书 dúshū 독서　　☐ 功课 gōngkè 수업, 공부

변환연습

1. 我 在 唱歌儿　弟弟　在 跳舞。　　Wǒ zài chànggēr dìdi zài tiàowǔ.
　　看报　妈妈　做菜　　　　　　　kànbào māma zuòcài
　　写字　老师　说话　　　　　　　xiězì lǎoshī shuōhuà

2. 她 不是 学生 是 老师。　Tā búshì xuésheng shì lǎoshī
　　护士　　医生　　　　　hùshì　　yīshēng
　　画报　　画儿　　　　　huàbào　huàr

간체자

☐ 赚钱 (賺錢)　　☐ 铁路 (鐵路)
☐ 报纸 (報紙)　　☐ 约翰 (約翰)
☐ 护士 (護士)　　☐ 医生 (醫生)
☐ 画报 (畫報)　　☐ 写字 (寫字)

연습문제

다음 문제의 해답을 입력하여 이메일 kklee@kangwon.ac.kr로 제출하세요.

파일명을 학번과 이름으로 할 것

1. 다음 단어의 발음을 표기하세요.

　　① 干　② 约翰　③ 跳舞　④ 英国

　　⑤ 赚钱　⑥ 西瓜　⑦ 读书　⑧ 功课

2. 다음 ( )에 들어갈 말을 보기에서 골라 적어보세요.

> 보기 : 是　吗　干　和　什么

你(①)什么来着? 我在看杂志(②)报纸。他们正在做(③)?

马利雅(④)美国人，约翰是英国人。她是学生(⑤)?

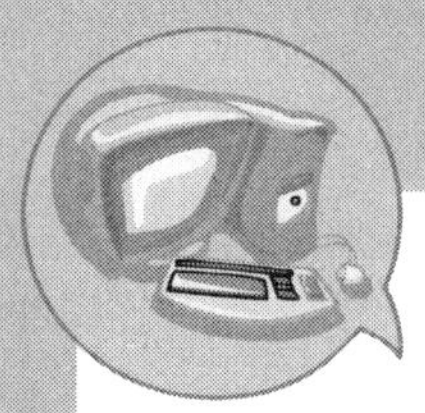

1. 간체자 획순과 발음

한자가 얼마나 되는 지는 정확히 알 수 없지만 우리가 항상 사용하는 생활 한자는 약 2000字 정도면 충분하다고 본다. 그런데 간체자는 한자를 많이 알고 있는 사람도 자형(字形)이 특이하여 이해하기가 곤란한 경우가 있다.

아래에 소개하는 사이트는 발음을 이용하여 원하는 한자를 찾을 수 있고 간체자의 획순과 발음을 모두 들려준다.

한자 독음 필획 찾기(汉字读音笔顺查询 http://www.jiantizi.com/dic/pinyin/1.htm)

汉字读音笔顺查询

위의 그림 汉字读音笔顺查询은 중국어 발음을 A에서 Z까지 나열해 놓았다. 여기서 한자의 필순(笔顺)이나 부수·획수 등을 알기 위하여 원하는 글자를 클릭만하면 된다. 위의 그림은 A 발음을 클릭한 화면으로 첫 번째 "阿"자를 클릭하면 아래와 같은 화면이 뜨면서 발음과 간체자의 획순을 볼 수 있다.

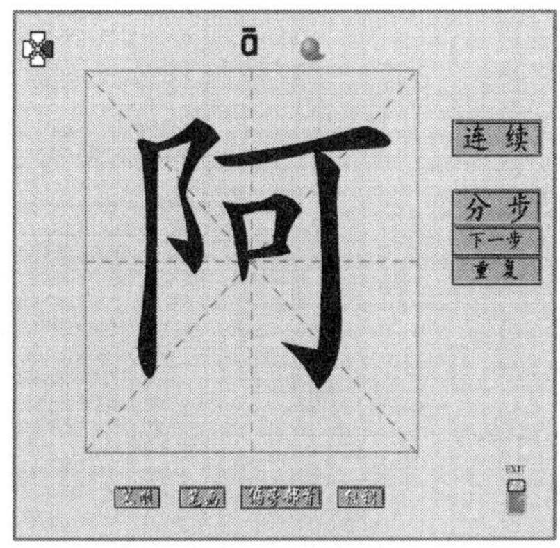

연속(连续)

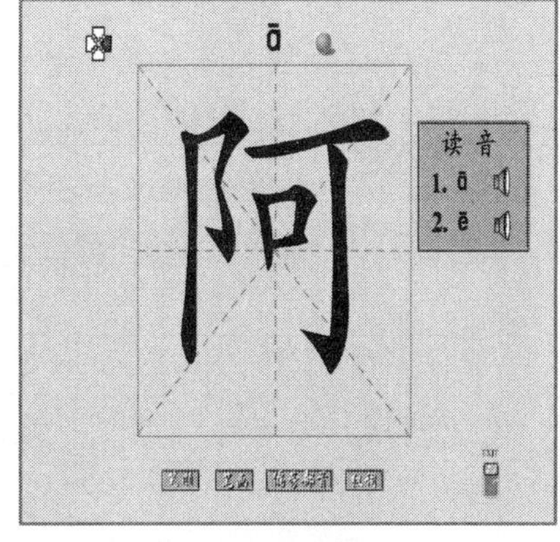

필순(笔顺)

2. "새끼 돼지 삼형제" 들어보기

중국어로 우리가 잘 아는 "새끼 돼지 삼형제(三只小猪)" 동화를 들어봅시다. 우리가 영어를 공부할 때 미드를 보듯이 중국어도 이런 동화를 들으며 공부하는 것도 하나의 방법입니다. 처음에는 중국어가 전혀 안 들리지만 반복해서 들으면 조금씩 들리기 시작합니다. 또 화면아래 한자가 있고 동영상 내용도 여러분이 잘 아는 것들입니다. 한 번 시도해 보세요. 10분이면 됩니다.

https://www.youtube.com/watch?v=HcoZ1f-oCbU

기초 어법 설명

중국어 문장 성분

① 주어 : 문장에서 동작의 주체가 되는 성분. 명사 대명사 등이 주어를 이룬다. "가/은" 으로 해석한다.

　　爸爸看报。 아빠가 신문을 보신다.

② 술어 : 주어의 상태나 동작의 상황을 설명하는 말로 주로 동사 형용사로 구성된다. "~이다/ ~하다"해석한다.

　　他是学生。　그는 학생이다.

③ 목적어 : 동사의 목적이나 대상 장소 등이 되는 문장성분. "~을/를"로 해석한다.

　　妈妈买水果。 엄마가 과일을 산다.

④ 관형어 : 주어와 목적어 앞에서 수식하는 말.

　　他买两本书　책 두 권.

⑤ 부사어 : 동사와 형용사로 구성된 술어를 꾸며주는 말. "매우, 아주" 등 정도를 표현한다.

　　妹妹很漂亮。 여 동생은 매우 이쁘다.

⑥ 보어 : 술어를 보충하거나 설명하는 말. 결과보어 정도보어 등이 있다.

　　他回去了。 그가 돌아갔다.

杂 zá	杂	杂	杂					
报 bào	报	报	报					
纸 zhǐ	纸	纸	纸					
约 yuē	约	约	约					
他 tā	他	他	他					
们 men	们	们	们					
学 xué	学	学	学					
师 shī	师	师	师					
干 gan	干	干	干					
过 guò	过	过	过					
记 jì	记	记	记					

MEMO

你从哪儿来?

너는 어디서 오냐?

회화

阿丽： 你从哪儿来?
Nǐ cóng nǎ'r lái?

庆一： 我刚才从学校回来。
Wǒ gāngcái cóng xuéxiào huílái.

阿丽： 今天是星期天，你在学校干什么?
Jīntiān shì xīngqītiān, nǐ zài xuéxiào gàn shénme?

庆一： 我在学校的音乐室练琴了。
Wǒ zài xuéxiào de yīnyuè shì liàn qínle.

阿丽： 你每天都练琴吗?
Nǐ měitiān dōu liàn qín ma?

庆一： 每天最少练两小时。
Měitiān zuìshǎo liàn liǎng xiǎoshí.

阿丽： 那你一定喜欢古典音乐吧。
Nà nǐ yídìng xǐhuan gǔdiǎn yīnyuè ba.

庆一： 这次算你说对了。
Zhè cì suàn nǐ shuō duìle.

새로 나온 단어

□ 从 cóng …로부터

□ 刚 gāng 방금

□ 星期天 xīngqītiān 일요일　　□ 音乐室 yīnyuèshì 음악실

□ 练 liàn 연습하다　　□ (钢)琴 (gāng)qín 피아노

□ 每天 měitiān 매일　　□ 一定 yídìng 반드시

□ 古典 gǔdiǎn 고전　　□ 算 suàn 계산하다

□ 对 duì 맞다

해석

아　려 : 너는 어디서 오냐?

경　일 : 나는 방금 학교에서 와.

아　려 : 오늘은 일요일인데 학교에서 무엇을 했니?

경　일 : 나는 학교 음악실에서 피아노를 연습했어.

아　려 : 너는 매일 피아노를 연습하냐?

경　일 : 매일 최소한 2시간은 연습한다.

아　려 : 너는 분명히 고전음악을 좋아할 거야

경　일 : 이번에는 네가 맞았다고 할 수 있다.

어법 및 해설

① 개사 "从"에 대한 정리

　① 행동의 기점을 표시한다. 항상 "到"、"向"、"往"、"来"등과 함께, 장소나 방향을 설명한다.

　　你从哪儿来? Nǐ cóng nǎ'r lái?　당신은 어디에서 옵니까?

　② 시간의 시작을 표시한다. 항상 "以来"、"以后" 등의 방위사와 함께 사용한다.

　　从昨天起雨下个不停。　어제부터 시작해서 비가 끊임없이 내린다.

　　Cóng zuótiān qǐ yǔ xià ge bù tíng.

③ 사물의 근원을 표시한다. 항상 "中"、"上"、"里" 등의 방위사와 함께 사용한다.

她从提包里拿出一本书来了。　그녀는 핸드백에서 책을 꺼냈다.

Tā cóng tíbāo lǐ ná chū yī běn shū láile.

④ 경과하는 장소나 노선을 표시한다. 항상 "过"와 함께 사용한다.

从公路走, 这里到县城只有三十里路。

Cóng gōnglù zǒu, zhèlǐ dào xiànchéng zhǐyǒu sānshí lǐ lù.

국도로 가면 이곳에서 도시까지 단지 30리 정도다.

② 干

干은 두 가지 발음이 있다. 이런 글자를 "多音字"라고 한다.

① gàn :　做의 의미에 해당한다.

　　예 干部 gànbù 간부, 干不了 gàn bu liǎo 할 수 없다.

② gān : "마르다"의 의미로 乾자의 간체자이다.

　　예 干杯 gānbēi 건배　干草 gāncǎo 건초.

③ 어기조사 了

어기조사 "了"는 문장 끝에 사용하여 상황의 변화를 표시한다. 원래 그렇지 않던 것이 이렇게 되었다는 의미를 지닌다.

① 我会看英文报了。　나는 영자신문을 볼 수 있다.

　Wǒ huì kàn Yīngwén bào le.

② 他特来中国了。　그는 특별히 중국에 왔다.

　Tā tè lái Zhōngguóle.

④ 一定

부사로 "반드시 꼭"이란 의미를 표현한다.

형용사로 사용하면 "어느 정도"라는 의미를 표현한다.

① 他一定来。 그는 반드시 온다.(부사)

    Tā yídìng lái.

② 我们的工作已经获得了一定的成绩。

    Wǒmen de gōngzuò yǐjing huòdéle yídìng de chéngjī.

    우리의 일은 이미 상당한 성적을 올렸다.(형용사)

보충단어

- 提包 tíbāo 핸드백
- 只 zhǐ 단지
- 县城 xiànchéng 도시
- 干部 gànbù 간부
- 成绩 chéngjì 성적
- 公路 gōnglù 국도
- 英文报 Yīngwén bào 영자신문
- 获得 huòdé 획득
- 干杯 gānbēi 건배

변환연습

你	从	哪儿	来?	Nǐ	cóng	nǎ'r	lái?
他		什么地方		Tā		shénme dìfāng	
我		学校		Wǒ		xuéxiào	

□ 从 (從) □ 刚 (剛)

□ 乐 (樂) □ 练 (練)

□ 钢 (鋼) □ 对 (對)

□ 获 (獲) □ 干 (乾)

다음 문제의 해답을 녹음하여 이메일 kklee@kangwon.ac.kr로 제출하세요.
파일명을 학번과 이름으로 할 것

1. 다음 한어병음을 읽어보세요

cóng   gāng   xīngqītiān   yīnyuèshì liànxí   gāngqín   měitiān

yídìng   gǔdiǎn   suàn

2. 다음 문장을 중국어로 말해보세요.

① 오늘은 일요일인데 학교에서 무엇을 했니?

② 너는 분명히 고전음악을 좋아 할거야

③ 이번에는 네가 맞았다고 할 수 있다.

인터넷에서 중국어 입력법 : IME

중국어로 된 인터넷 자료는 장차 전세계 인터넷 시장의 과반을 차지할 것입니다. 이 것이 우리가 중국어 인터넷을 알아야하는 이유이고 중국어 인터넷을 활용할 줄 알아야 하는 이유입니다. 그런데 우리가 중국어 인터넷을 자유롭게 이용하려면 중국어로 입력 을 할 수 있어야 합니다. 자료를 찾기 위한 키워드 검색 때문이지요. 이를 잘 활용하면 여러분이 원하는 자료를 찾을 수 있습니다. 그런데 중국어 입력법은 매우 다양합니다. 한자를 발명했다는 사람의 이름을 딴 창지에와 NJ Star, Richwin, TwinBridge, Unionway 등이 있습니다.

하지만 현재 보편적으로는 GLOBAL IME를 사용합니다. 여러분들이 알아야 할 것 은 바로 이것입니다. GLOBAL IME는 한어병음 입력법이므로 간체자의 병음만 알면 글자를 입력할 수 있기 때문입니다. 또 IME는 중국어를 입력하는 다국적 입력기이기 때문에 중국어 문서를 작성하거나 게시판에 중국어로 글을 쓰고 중국어 채팅을 할 때 도 사용할 수 있습니다.

• GLOBAL IME란?

한국·일본·중국의 윈도우에는 글자를 특수하게 조합하여 입력하는 IME(input method editor)가 있습니다. 원래 이 3개국의 IME는 자국의 윈도우에서만 사용이 가능했는데 마이크로 소프트사에서 컴퓨터의 OS에 관계없이 사용할 수 있는 GLOBAL IME가 개 발되었습니다. 따라서 어떤 나라의 윈도우건 상관없이 3개국의 언어팩을 설치하면 한 글이나 중국어나 일본어 입력기를 사용할 수 있습니다. 그럼 한번 컴퓨터로 중국어를 직접 입력하는 방법에 대해 알아볼까요.

xp 이전에는 "Microsoft Global IME"를 다운 받아서 설치했습니다. 그런데 요즘 Win 7 이후는 그럴 필요가 없이 컴퓨터 설정화면에서 직접 입력방법을 추가만 하면 됩니다. 여기서는 Win 10을 기준으로 하여 설명을 하겠습니다.

① 컴퓨터 화면 왼쪽 하단의 창을 클릭한 후 설정을 클릭한다.

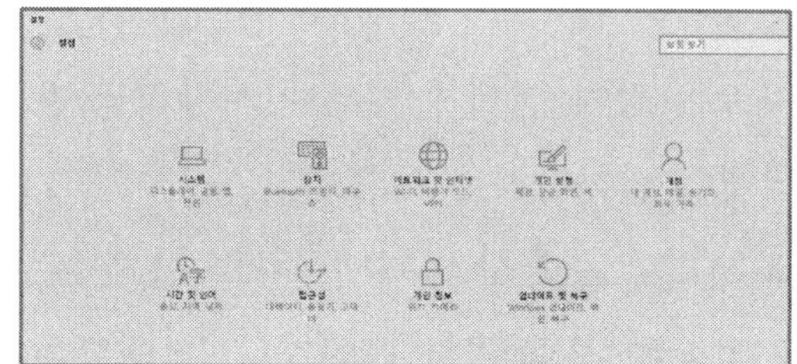

② 위의 화면에서 시간 및 언어를 클릭한다. 다시 지역 및 언어를 클릭한다.

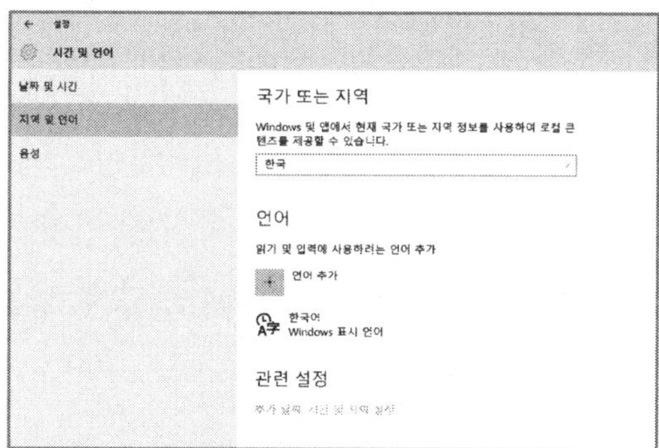

③ 위의 그림에서 언어 언어추가를 클릭한다.

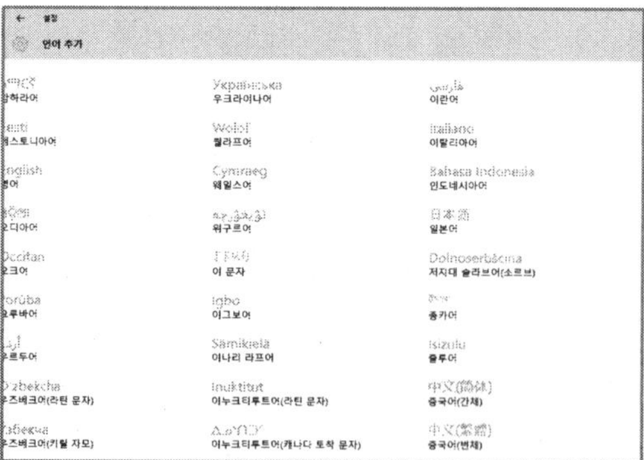

④ 위의 그림에서 中文(简体)를 클릭한다. 다음 아래의 중국어(간체 중국)을 선택한다.

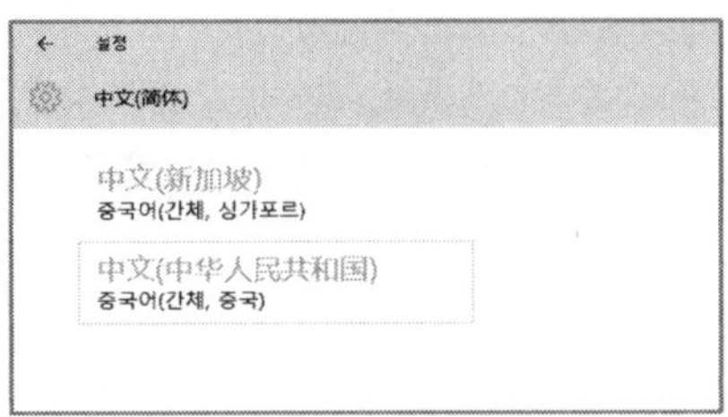

⑤ 이제 중국어 간체가 설치되었습니다. 잘 설치가 되었다면 아래 그림과 같이 컴퓨
터 하단 우측의 "한"을 클릭하면 중국어 간체 화면이 보입니다.

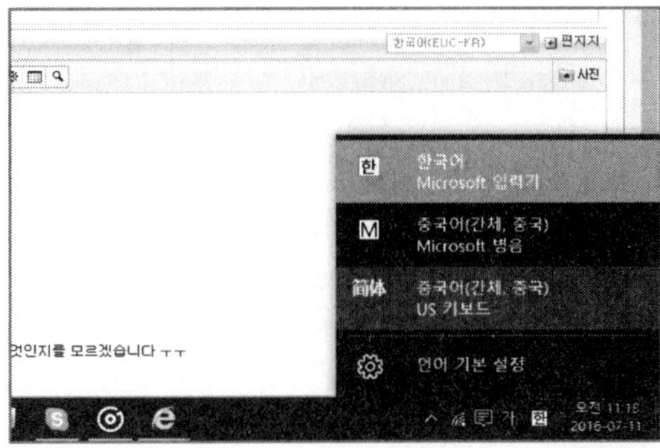

⑥ 이제 구글에서 중국 관영지인 인민일보(人民日报 Rénmín Ribào)를 찾아봅시다.
아래 구글 검색창에서 위에서 배운 대로 중국어 입력상태로 전환한 후

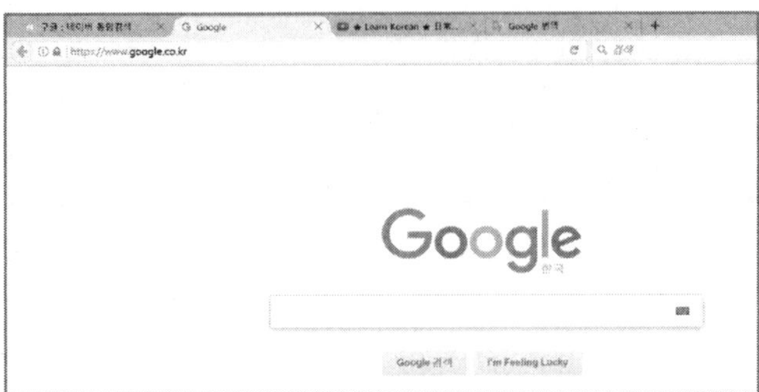

"RenminRibao"를 치면 아래 그림처럼 자동으로 한자가 보입니다. 여기서 1번을 누른 후 엔터를 치면 아래 그림이 나타납니다.

이제는 人民日报라고 된 첫 사이트를 클릭하면 됩니다.

여러분들도 한번 직접 해보시기 바랍니다.

哪 nǎ	哪	哪	哪					
儿 ér	儿	儿	儿					
刚 gāng	刚	刚	刚					
从 cóng	从	从	从					
干 gān	干	干	干					
乐 yuè	乐	乐	乐					
练 liàn	练	练	练					
时 shí	时	时	时					
算 suàn	算	算	算					
说 shuō	说	说	说					
对 duì	对	对	对					

MEMO

打电话

전화 걸기

庆一： 喂! 请问, 您那里是二四六五三五四吗?
Wèi! Qǐngwèn, nín nàli shì èr sì liù wǔ sān wǔ sì ma?

公司： 不是, 你打错了。
Búshì, nǐ dǎ cuò le.

庆一： 对不起。
Duì bu qǐ.

公司： 没关系。
Méi guānxi.

庆一： 请问, 您那里是黄公馆吗?
Qǐngwèn, nín nàli shì Huáng gōngguǎn ma?

麻烦你, 请黄老师接电话。
Máfan nǐ, qǐng Huáng lǎoshī jiē diànhuà.

黄老师： 我就是, 你是哪一位?
Wǒ jiùshì, nǐ shì nǎ yí wèi?

庆一： 老师好! 我是陈庆一, 好久没给您电话。
Lǎoshī hǎo! Wǒ shì Chén Qìngyī, hǎojiǔ méi gěi nín diànhuà.

如果今晚您有空的话,
Rúguǒ jīn wǎn nín yǒu kòng dehuà,

我想访问您谈一件要紧的事。
wǒ xiǎng fǎngwèn nín tán yí jiàn yàojǐn de shì.

黄老师： 你要来的话, 随时欢迎你来。
Nǐ yào lái dehuà, suíshí huānyíng nǐ lái.

庆一： 谢谢老师, 那么今晚见。
Xièxie lǎoshī, nàme, jīn wǎn jiàn.

새로 나온 단어

- 喂 wèi 여보세요
- 打错 dǎcuò (전화) 잘 못 걸다
- 对不起 duìbuqǐ 미안합니다.
- 如果~ 的话 rúguǒ ~dehuà 만약 ~라면
- 欢迎 huānyíng 환영하다
- 要紧 yàojǐn 요긴한
- 有空 yǒukòng 시간이 있다
- 公馆 gōngguǎn 공관, 관사
- 麻烦 máfan 귀찮다. 성가시다
- 没关系 méi guānxi 괜찮습니다
- 随时 suíshí 언제든지
- 访问 fǎngwèn 방문하다
- 今晚 jīnwǎn 오늘 저녁
- 那么 nàme 그러면

해석

칭 이 : 여보세요? 거기가 2465354입니까?
회 사 : 아닙니다. 잘 못 거셨어요.
칭 이 : 미안합니다.
회 사 : 천만에요.
칭 이 : 거기가 황선생님 댁입니까? 죄송하지만 황선생님 좀 바꿔주세요.
황선생 : 전데요. 누구십니까?
칭 이 : 선생님 안녕하세요! 저는 천칭이입니다. 오랜 동안 전화도 못 드렸어요. 오늘 저녁에 시간이 있으시면 선생님을 찾아 뵙고 중요한 일을 상의 드리려고 합니다.
황선생 : 시간은 없지만 자네가 온다면 언제든지 환영이야.
칭 이 : 감사합니다. 선생님 그러면 저녁때 뵙지요.

① 就是

부사로 사용하여 "바로 …이다", "…뿐이다." 라는 의미를 표현한다.

    ① 这儿就是我的家。   여기가 바로 내 집이다.
       Zhè'r jiùshì wǒ de jiā.
    ② 我们家就是这一间房子。   우리 집은 이 집 뿐이다.
       Wǒmen jiā jiùshì zhè yī jiān fángzi.

② 麻烦

"귀찮다. 성가시다" 등의 의미로 동사와 형용사의 용법이 있다. 다양한 용도로 사용된다.

    ① 这事太麻烦, 你就别管了。   이 일이 너무 귀찮으니 맡지 마라.(형용사)
       Zhè shì tài máfan, nǐ jiù biéguǎnle.
    ② 麻烦你去一趟吧。   수고스럽지만 한번 갔다 오시지요. (동사)
       Máfan nǐ qù yí tàng ba.

③ "随时"

"언제든지(时时刻刻)"의 의미로, 부사로 사용하고 동작이 지속하며 끊이지 않음을 표시한다. 주의할 점은 "그때, 즉시"라는 의미로도 사용한다.

    ① 有问题可以随时来问我。   문제가 있으면 언제든지 나에게 물으러 와도 좋다.
       Yǒu wèntí kěyǐ suíshí lái wèn wǒ.
    ② 应当随时表扬模范社员。   모범 사원을 즉시 표창해야 한다.
       Yīngdāng suíshí biǎoyáng mófàn shèyuán.

④ 那么

접속사로 "그렇다면"이란 의미를 표현한다. 주로 앞에서 말한 가정을 전제로 표현한다.

① 那么咱们也就随便坐下吧。　그러면 우리들도 마음대로 앉읍시다
　　Nàme zánmen yějiù suíbiàn zuòxia ba.
② 既然说干,那么就干吧。　　하자고 한 이상 합시다
　　Jìrán shuì gān, nàme jiù gān ba.

보충단어

- 间 jiān 수사, 한 칸
- 别 bié ~하지말라(금지를 표시)
- 一趟 yí tàng 한번(오가는 횟수를 나타냄)
- 应当 yīngdāng 응당
- 既然 jìrán 이미 이렇게 된 바에야(추론을 표시)
- 房子 fángzi 집, 건물
- 管 guǎn 간섭하다 담당하다
- 咱们 zánmen 우리

간체자

- 这 (這)
- 间 (間)
- 扬 (揚)
- 随时 (隨時)
- 儿 (兒)
- 应当 (應當)
- 模范 (模範)

변환연습

您 那里 是 黄公馆 吗?　　　　请　黄老师　　　接 电话.
Nínnàli　shì Huánggōngguǎn ma? Qǐng Huáng lǎoshī jiē diànhuà.
　　　　学校 Xuéxiào　　　　　　张校长 Zhāng xiàozhǎng
　　　　教育部 jiàoyù bù　　　　　长官 zhǎngguān

연습문제

다음 문장을 해석하고 한어병음을 달아 이메일 kklee@kangwon.ac.kr로 제출하세요.
파일명을 학번과 이름으로 할 것

① 如果他在这里, 一定会出个主意。
② 这件事如果你不提起, 我忘了。

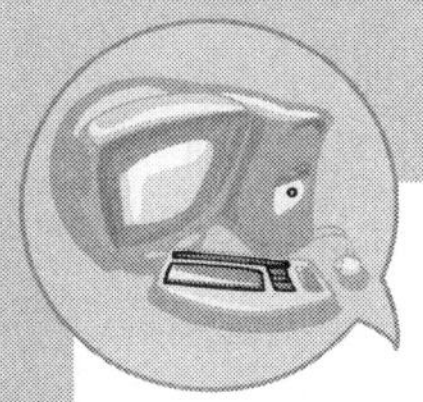

1. 유명한 "汉语会话 301" 동영상입니다 전화회화를 들어보세요. 회화내용이 다양하여 많은 도움이 됩니다.

   https://www.youtube.com/watch?v=jPc595wjKCE&list=PL7dxovADXBHXYLRS UiLJjuOroODPKm9E_&index=33

2. 전화회화 : 이 동영상은 중국인들에게 한국어를 강의하는 사이트입니다. 중국인들이 전화화화를 어떻게 공부하는 지 알아봅시다. 이 외에도 일상회화 중 약속 한국요리 병원 은행등 다양한 주제로 구성되어 있습니다. 이런 내용들은 여러분들에게도 많은 도움이 될 것입니다.

   https://www.youtube.com/watch?v=rSt20Roz13M

동영상을 하나 더 소개합니다. 인터넷은 간혹 사이트들이 사라지는 경우가 있기 때문에 둘 이상 자료를 파악해 알 고 있는 것이 좋습니다. 여러분이 잘아는 네이버의 중국어 글로벌 회화 전화 회화입니다.

http://phrasebook.naver.com/detail.nhn?bigCategoryNo=10&targetLanguage=cn

关 guān	关	关	关				
系 xì	系	系	系				
对 duì	对	对	对				
黄 huáng	黄	黄	黄				
师 shī	师	师	师				
电 diàn	电	电	电				
话 huà	话	话	话				
陈 chén	陈	陈	陈				
欢 huān	欢	欢	欢				
迎 yíng	迎	迎	迎				
见 jiàn	见	见	见				

MEMO

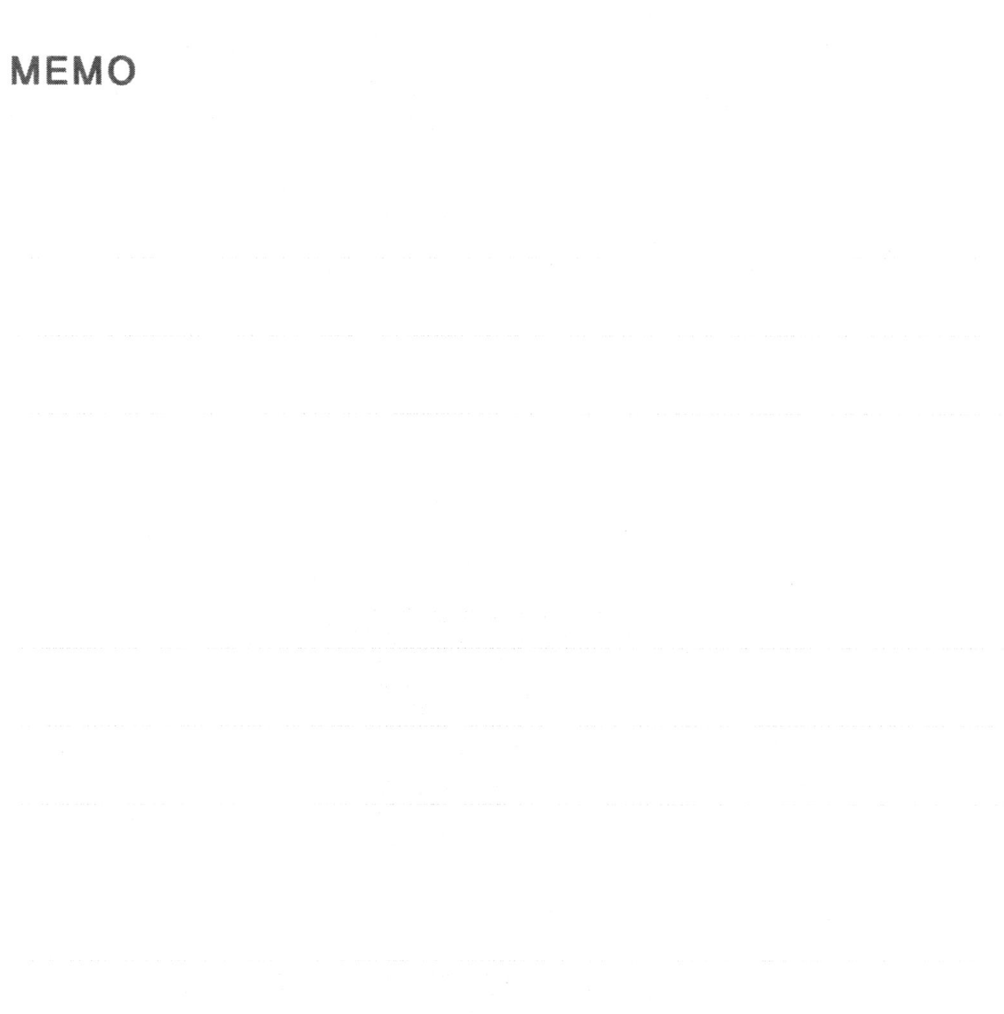

小馆子

작은 식당

회화

黄老师 : 爱人，今晚陈庆一要来。
Àirén, jīn wǎn Chén Qìngyī yào lái.

黄师母 : 那，晚饭怎么办?
Nà, wǎnfàn zěnme bàn?

黄老师 : 不要紧，我们在外面吃吧。
Búyàojǐn, wǒmen zài wàimiàn chī ba.

黄师母 : 你要去哪里吃?
Nǐ yào qù nǎli chī?

黄老师 : 随便找小馆子吃吧。
Suíbiàn zhǎo xiǎo guǎnzi chī ba.

黄师母 : 这不如在家吃便饭，还是由我做菜吧。
Zhè bùrú zàijiā chī biànfàn, háishì yóu wǒ zuòcài ba.

새로 나온 단어

□ 晚饭 wǎnfàn 저녁 식사　　　　□ 不要紧 búyàojǐn 괜찮아

□ 随便 suíbiàn 마음대로　　　　□ 小馆子 xiǎo guǎnzi 작은 식당

□ 怎么办 zěnme bàn? 어떻게 하지?　□ 不如 bùrú …만 못하다

□ 便饭 biànfàn 간단한 식사, 보통식사　□ 做菜 zuòcài 요리하다

□ 外面 wàimian 밖, 외부　　　　□ 还是 háishi ~하는 편이 좋다. 여전히. 아직도

해석

황선생 : 여보. 오늘 저녁에 천칭이가 온데.
황사모 : 그러면 저녁식사는 어떻게 하지요?
황선생 : 괜찮아. 우리 나가서 먹읍시다.
황사모 : 어디 가서 식사하려고요?
황선생 : 아무 곳이나 작은 식당에 가서 먹지.
황사모 : 그러려면 집에서 먹는 것 보다 못하지요. 내가 요리를 하는게 좋지요.

어법 및 해설

① 要

"要+동사"는 "~르 하려하다"라는 뜻으로 주어의 의지를 표현한다.

① 我要去学校。　　　　나는 학교를 갈 거예요.

　Wǒ yào qù xuéxiào。

② 我要吃面。　　　　나는 국수를 먹고 싶어요.

　Wǒ yào chī miàn。

② "不如"

"…만 못하다, …하는 편이 낮다"의 의미로, 비교한 결과 비교적 만족할만한 결론을 얻은 것을 표시한다. 부사 "还"를 함께 사용할 수 있다.

① 百闻不如一见。　백 번 듣는 것이 한번 보는 것만 못하다.

　Bǎi wén bùrú yí jiàn

② 现在天气太冷, 不如等春天再去。

　Xiànzài tiānqì tài lěng, bùrú děng chūntiān zài qù.

　지금은 날씨가 너무 추우니 봄을 기다렸다 가는 편이 좋다.

③ "由"

"…이(가)"의 의미로, 동작의 주체를 표시한다.

    ① 会议由老李主持。　회의는 이형이 주관한다.

      Huìyì yóu lǎo Lǐ zhǔchí.

    ② 院子里的清洁工作由我们轮流负责。

      Yuànzi lǐ de qīngjié gōngzuò yóu wǒmen lúnliú fùzé.

      정원의 청결은 우리들이 교대로 책임을 진다.

④ "还是"

부사로 사용하여 "~ 하는 편이 좋다", "여전히"라는 의미를 표현한다.

    ① 天气凉了, 还是多穿点儿吧。

      Tiānqì liángle, háishì duō chuān diǎn'r ba.

      날씨가 서늘해 졌으니, 옷을 좀 더 입는 것이 좋겠다.

    ② 他还是是那个老样子。　그는 여전히 그 모습이다.

      Tā háishì shì nàgè lǎo yàngzi.

■ 응용표현 ■

① 我的成绩不如你。　　　　나의 성적은 당신만 못하다.
Wǒ de chéngjī bùrú nǐ.

② 你的养花技术连我都不如。
Nǐ de yǎng huā jìshù lián wǒ dōu bùrú.
그의 꽃을 재배하는 기술이 심지어 나만도 못하다.

보충단어

- 养花 yǎng huā 꽃 재배
- 成绩 chéngjī
- 连 A 不如 lián A dōu bùrú 심지어 A 만도 못하다
- 主持 zhǔchí 주관하다
- 院子 yuànzi 정원
- 清洁 qīngjié 청결
- 轮流 lúnliú 돌아가면서, 교대로
- 负责 fùzé 책임지다
- 面 mi 국수

간체자

- 养 (養)
- 轮 (輪)
- 负责 (負責)
- 连 (連)
- 办 (辦)
- 会议 (會議)
- 面 (麵)

연습문제

다음 문장의 어순을 맞게 정리하세요.
① 哪里吃 / 你 / 去 / 要
② 今晚 / 来 / 要 / 陈庆一
③ 小馆子 / 找 / 随便 / 吃吧
④ 在家 / 不如 / 这 / 吃 / 便饭

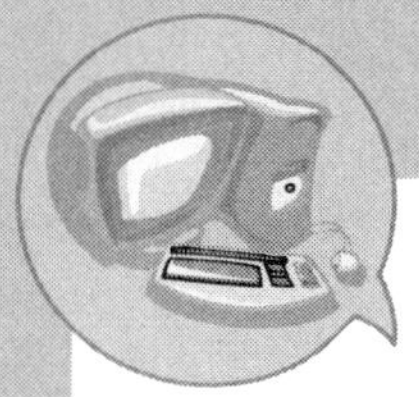

1. 인터넷을 통해 안부를 묻는 표현을 공부해 봅시다.

http://phrasebook.naver.com/detail.nhn?bigCategoryNo=2&middleCategoryNo=21&smallCategoryNo=149&targetLanguage=cn

① 您父母都好吗？　부모님 모두 안녕하시지요?

Nín fùmǔ dōu hǎo ma？

② 请替我向你家人问好。　저를 대신해서 가족에게 안부 전해 주세요.

Qǐng tì wǒ xiàng nǐ jiārén wèn hǎo

~에게 안부전하다 : 向 ~ 问好

③ 张民让我替他给你问好。장민이 당신에게 안부 전해 달래요.

Zhāng Mín ràng wǒ tì tā gěi nǐ wèn hǎo

안부 전해 달래요 : 给你问好

④ 我也没听说他的消息。저도 그 사람 소식을 듣지 못했어요.

Wǒ yě méi tīngshuō tā de xiāoxī

듣지 못했다 : 没听说

2. 장위안의 중국어 입문입니다. 복습이라고 생각하고 성모 운모 발음과 병음연습으로 간단한 숫자 등을 연습 하고 있으니 잘 들어보세요.

처음에는 여자 선생님이 기본 발음을 강의 합니다. 복습이라고 생각하고 들어 보세요. 이어서 장위안이 등장합니다. 장위안의 중국어 어떨까요?

https://www.youtube.com/watch?v=lrxYCMTP1qM

馆	馆	馆	馆						
guǎn									
爱	爱	爱	爱						
ài									
庆	庆	庆	庆						
qìng									
饭	饭	饭	饭						
fàn									
么	么	么	么						
me									
办	办	办	办						
bàn									
紧	紧	紧	紧						
jǐn									
随	随	随	随						
suí									
便	便	便	便						
biàn									
做	做	做	做						
zuò									
菜	菜	菜	菜						
cài									

购物

물건을 사다

회화

阿美 ： 回国之前，我正在买一点小礼物。
Huíguó zhīqián, wǒ zhèngzài mǎi yīdiǎn xiǎo lǐwù.

英杰 ： 你要买什么?
Nǐ yàomǎi shénme?

阿美 ： 我打算买一些首饰，如耳环，项链，戒指，镯子，
Wǒ dǎsuàn mǎi yīxiē shǒushì, rú ěrhuán, xiàngliàn, jièzhǐ, zhuózi,

发卡和发箍等等。
fàkǎ hé fàgū děng děng

英杰 ： 哟! 你要买得真多，你有那么多的朋友吗?
Yō! Nǐ yàomǎide zhēn duō, nǐ yǒu nàme duō de péngyǒu ma?

阿美 ： 多是多啦! 不过我太喜欢那些小东西。
Duō shì duō la! Búguò wǒ tài xǐhuan nàxiē xiǎo dōngxi.

英杰 ： 那么，你一定喜欢化妆品吧?
Nàme, nǐ yídìng xǐhuan huàzhuāngpǐn ba?

阿美 ： 是的，我当然喜欢，也很想买它。
Shì de, wǒ dāngrán xǐhuan, yě hěn xiǎng mǎi tā.

不过现在没钱。下次再说吧。
Búguò xiànzài méi qián, xià cì zàishuō ba.

英杰 ： 还好，如果你又要买化妆品的话，我受不了啦。
Hái hǎo, rúguǒ nǐ yòu yàomǎi huàzhuāngpǐn dehuà, wǒ shòu buliǎo la.

阿美 ： 好，回去吧。
Hǎo, huíqù ba.

새로 나온 단어

- 购买 gòumǎi 구매하다
- 礼物 lǐwù 선물
- 耳环 ěrhuán 귀걸이
- 戒指 jièzhǐ 반지
- 发卡 fà kǎ 머리핀
- 发箍 fàgū 헤어밴드
- 喜欢 xǐhuan 좋아하다
- 当然 dāngrán 당연히

- 正在 zhèngzài …하는 중이다
- 首饰 shǒushì 액세서리
- 项链 xiàngliàn 목걸이
- 镯子 zhuózi 팔지
- 哟 yō 감탄사 어휴, 와
- 化妆品 huàzhuāngpǐn 화장품
- 受不了 shòu bu liǎo 참을 수 없다
- 不过 búguò 그러나

해석

아메이 : 귀국하기 전에 나는 선물을 좀 사려는 중이야.

잉지에 : 무엇을 사려고요?

아메이 : 나는 장신구를 몇 가지 사려고해, 귀걸이, 목걸이, 반지, 팔지, 머리핀, 헤어밴드 등.

잉지에 : 어휴! 살게 정말로 많군요, 당신은 친구가 그렇게 많나요?

아메이 : 많기도 하지만 내가 이런 것들을 너무 좋아해서 그래요.

잉지에 : 그러면 당신은 화장품도 틀림없이 좋아하겠지요?

아메이 : 네, 물론 좋아하고 그것도 사고 싶지만 지금은 돈이 없으니 다음에나 생각 하지요.

잉지에 : 다행이네요. 만약 당신이 다시 화장품을 산다고 하면 나는 참을 수 없을 거에요.

아메이 : 그래요 돌아갑시다.

어법 및 해설

1 "正在"

동작이 진행중이거나 상태가 지속중인 것을 표시한다. 마침 그 시간에 모종의 행동이나 상황이 발생함을 강조한다.

① 他正在做功课, 别去打扰。

Tā zhèngzài zuò gōngkè, bié qù dǎrǎo.

그는 마침 숙제를 하는 중이니 귀찮게 하지 말라.

② 我们这几天正在学习汉语拼音。

Wǒmen zhè jǐ tiān zhèngzài xuéxí Hànyǔ pīnyīn.

우리는 요 며칠 한어병음을 배우고 있는 중이다.

2 "一些"

"약간"이란 의미도 있지만 "여러 가지"란 의미도 있다.

① 有一些国家。　　　　　몇몇 국가들

Yǒu yīxiē guójiā.

② 他曾担任过一些职务。　그는 이전에 몇 가지 직책을 맡은 적이 있다.

Tā céng dānrènguò yīxiē zhíwù.

3 不过

"~에 불과하다" "그러나" 등의 의미로 사용한다.

① 大不了也不过十几天的样子。　기껏해야 십여 일 밖에 안 된다.

Dà bu liǎo yě búguò shí jǐtiān de yàngzi

② 他话说得比较慢, 不过发音很清楚。

Tā huà shuō de bǐjiào màn, búguò fāyīn hěn qīngchu

그는 비교적 천천히 말하지만 그러나 발음은 매우 분명하다.

④ "哟"

감탄사로 문장의 처음에 사용하여, 놀라움이나 찬탄 혹은 의외임을 표시한다.

　　① 哟, 真行!　　　　　와, 정말 대단하다!

　　　Yō, zhēnxíng!

　　② 哟, 写得不错!　　　아, 잘 썼네!

　　　Yō, xiě de búcuò!

　　③ 哟, 怎么下起雨来了?　어, 왜 비가 내리지?

　　　Yō, zěnme xià qǐ yǔ lái le?

　　주의 : "哟(yō)"는 "唷(yō)"로도 쓸 수 있다.

⑤ 受不了

"동사 +不了"의 형식으로 "~할 수 없다"는 불가능을 나타낸다.

　　① 他那种味儿, 我受不了!　　그의 그런 태도, 나는 견딜 수 없어!

　　　Tā nà zhǒng wèir, wǒ shòu bu liǎo!

　　② 一个月花不了多少零钱。　한 달에 용돈을 얼마 쓸수 없다.

　　　Yíge yuè huā bu liǎo duōshǎo língqián.

보충단어

☐ **打扰** dǎrǎo 귀찮게 하다　　☐ **担任** dānrèn 담임하다. 맡다

☐ **职务** zhíwù 직무　　　　　☐ **比较** bǐjiào 비교적

☐ **发音** fāyīn 발음　　　　　☐ **零钱** língqián 용돈

변환연습

我	打算	买	一些	首饰。	Wǒ dǎsuàn mǎi yīxiē shǒushì
	想		一点	礼物	xiǎng yīdiǎn lǐwù
	要		各种	健身用品	yào gèzhǒng jiànshēn yòngpǐn

간체자

□ 扰 (擾)　　　　□ 职 (職)

□ 务 (務)　　　　□ 几 (幾)

□ 写 (寫)　　　　□ 种 (種)

연습문제

"동사 +不了"의 형식을 이용하여 작문을 해 보세요.

① 나는 갈 수 없다.

② 나는 그 음식을 먹을 수 없다.

③ 나는 그 책을 살 수 없다.

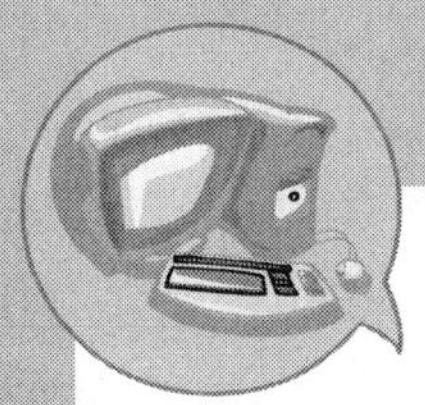

쇼핑에 관한 보충 회화. 네이버 글로벌 회화 중 쇼핑관련 부분입니다. 이미 이 사이트를 이용한 사람은 잘 알겠지만 쇼핑에 관한 가격과 흥정, 계산과 포장, 교환과 환불 등이 잘 설명되어 있습니다. 더 깊이 있는 다양한 표현과 내용을 공부할 수 있습니다. 이런 자료를 이용하는 것이 본 강의의 목표입니다. 꼭 들어보세요.

http://phrasebook.naver.com/detail.nhn?bigCategoryNo=6&middleCategoryNo=54&categoryTypeCode=0&targetLanguage=cn

간체자 쓰기 연습

购	购	购	购					
gòu								
买	买	买	买					
mǎi								
点	点	点	点					
diǎn								
饰	饰	饰	饰					
shì								
环	环	环	环					
huán								
项	项	项	项					
xiàng								
链	链	链	链					
liàn								
发	发	发	发					
fà								
喜	喜	喜	喜					
xǐ								
欢	欢	欢	欢					
huān								
妆	妆	妆	妆					
zhuāng								

大长今

대장금

회화

林云： 听说「大长今」的故事是真的， 是吗?
Tīng shuō "Dà cháng jīn"de gùshì shì zhēnde, shì ma?

那些资料是如何收集的?
Nàxiē zīliào shì rúhé shōují de?

江梅： 没错， 「大长今」是一个发生在五百年前,
Méi cuò, "Dà cháng jīn"shì yíge fāshēng zài wǔbǎi nián qián

一个女人的真实故事。
yíge nǚrén de zhēnshí gùshi.

制作人为了拍戏， 追寻女主角的事迹,
Zhìzuò rén wèile pāixì, zhuīxún nǚ zhǔjiǎo de shìjì,

而必须加以整理史料,
ér bixū jiāyǐ zhěnglǐ shǐliào,

最后他们为了符合戏剧效果,
zuìhòu tāmen wèile fúhé xìjù xiàoguǒ,

增添了许多创作的内容。
zēngtiānle xǔduō chuàngzuò de nèiróng.

林云： 我知道， 所谓传记类的电影大部分如此,
Wǒ zhīdào, suǒwèi zhuànjì lèi de diànyǐng dà bùfèn rúcǐ,

因此我们把「大长今」当故事片来看,
yīncǐ wǒmen bǎ "Dà cháng jīn" dāng gùshìpiàn lái kàn,

不能当历史剧来看。
bùnéng dāng lìshǐjù lái kàn.

새로 나온 단어

- 听说 tīngshuō 듣기에
- 资料 zīliào 자료
- 收集 shōují 수집하다
- 真实 zhēnshí 진실
- 拍戏 pāixì 연극을 찍다
- 必须 bìxū 반드시
- 事迹 shìjì 사적
- 史料 shǐliào 역사 자료
- 戏剧效果 xìjù xiàoguǒ 극적 효과
- 加以 jiāyǐ ~을 더하다, 게다가
- 故事片 gùshìpiàn 픽션물
- 所谓 suǒwèi 소위
- 故事 gùshi 스토리
- 如何 rúhé 어떻게
- 制作人 zhìzuò rén 제작자
- 为了 wèile ~을 위하여
- 女主角 nǚ zhǔjiǎo 여주인공
- 追寻 zhuīxún 추적하다
- 整理 zhěnglǐ 정리하다
- 符合 fúhé 부합하다
- 增添 zēngtiān 증가 첨가하다
- 传记类 zhuànjì lèi 전기류
- 历史剧 lìshǐjù 역사극
- 电影 diànyǐng 영화

해석

린원창 : 「대장금」의 스토리가 사실이라고요?
그런 자료들을 어떻게 수집했나요?

쟝메이 : 맞아요. 「대장금」500년 전에 생긴
한 여인의 사실 스토리입니다.
제작자가 극을 찍기 위하여 여주인공의 사적을 추적하고
사료를 정리하였습니다.
마지막으로 그들은 연극적인 효과에 부합하기 위하여
창작적인 내용을 많이 첨가하였습니다.

린원창 : 소위 전기류의 영화는 대부분 이렇지요,
그래서 우리는 「대장금」을 픽션물로 봐야지
역사극으로 봐서는 안 됩니다.

쟝메이 : 맞습니다. 또 다른 연속극 「왕의 여인」도
역사극이라고 할 수 없습니다.

어법 및 해설

① 追寻

동사 追寻은 "追求寻找"의 준말로 "추구하다, 구애"라는 의미를 강조한다.

> ① 如此做，我才有机会追求她。
>
> Rúcǐ zuò, wǒ cái yǒu jīhuì zhuīqiú tā.
>
> 이렇게 해야 나는 그녀를 구애할 기회가 비로소 있다.

> ② 他所要追求的是名利与虚荣的欲望。
>
> Tā suǒyào zhuīqiú de shì mínglì yǔ xūróng de yùwàng.
>
> 그가 추구하는 바는 명리와 허영된 욕망이다.

② 而

접속사로 역접과 순접을 동시에 표시할 수 있다. 본문에서는 "그리고"란 의미로 순접으로 사용하였다. 문언적인 용법이다. 역접으로 사용하면 대립적인 내용을 연결하여 전환이나 가정을 표현한다.

> ① 他像有点一棵树, 坚壮, 沉默, 而又有生气。
>
> Tā xiàng yǒudiǎn yī kē shù, jiān zhuàng, chénmò, ér yòu yǒu shēngqì.
>
> 그는 마치 나무처럼 단단하고 굳세며 과묵하고 생기가 있다.(순접)
>
> ② 幼苗早管理, 费力小而收效大。
>
> Yòumiáo zǎo guǎnlǐ, fèilì xiǎo ér shōuxiào dà.
>
> 묘목의 초기관리는 노력이 덜 들지만 효과는 크다.(역접)

③ 加以重新整理

"加以"는 동사(~를 가하다)와 접속사(게다가) 두 가지 용법이 있다.

동사로 사용할 경우 2음절 이상의 동사 앞에 위치하며 앞에 제시된 사물을 처리하는 방법을 나타낸다.

① 这个问题还需要加以分析研究。

Zhège wèntí hái xūyào jiāyǐ fēnxī yánjiū.

이 문제는 아직 분석 연구할 필요가 있다.(동사)

② 접속사로 사용하면 "게다가"(加上)、"그 외에"의 의미로, 앞에서 들은
이유 외에 보충설명을 하여, 모종의 결과가 발생함을 표시한다.

我外语本来说得不好, 加以多年不用, 几乎全忘了。

Wǒ wàiyǔ běnlái shuō de bù hǎo, jiāyǐ duōnián búyòng, jīhū quán wàngle.

나는 외국어를 본래 잘 못하는데 게다가 몇 년간 사용하지 않았더니
거의 다 잊어먹었다.

4 当故事片来看

"当"은 개사와 동사의 용법이 있다. 개사로 사용하면 사건이 발생한 시점을 강조
한다.

동사로 사용하면 "담임하다, 충당하다"라는 의미가 있다.

① 他当起导演来了。 그는 영화감독이 되었다. (동사)

Tā dāng qǐ dǎoyǎn láile.

② 当他们回来的时候, 我已经走了。

Dāng tāmen huílái de shíhou, wǒ yǐjīng zǒule.

그들이 돌아왔을 때, 우리는 이미 떠났다.(개사)

5 为了

개사로 "~를 위하여"라는 의미를 표현한다. 문두에 사용할 수 있다.

① 为了工作可以增加人力。 작업을 위해 인력을 증가할 수 있다.

Wèile gōngzuò kěyǐ zēngjiā rénlì.

② 我为了一件小事情烦恼了好几天。

Wǒ wèile yí jiàn xiǎoshì qíng fánle hǎo jǐ tiān.

나는 작은 일 하나 때문에 며칠 동안을 고민했다.

보충단어

□ 名利 mínglì 명예와 이익
□ 欲望 yùwàng 욕망
□ 人力 rénlì 인력 사람

□ 虚荣 xūróng 허영
□ 增加 zēngjiā 증가하다
□ 烦恼 fánnǎo 고민하다

간체자

□ 追寻 (追尋)
□ 创 (創)
□ 虚荣 (虛榮)
□ 导演 (導演)

□ 戏剧效果 (戲劇效果)
□ 传记类 (傳記類)
□ 坚壮 (堅壯)
□ 机会 (機會)

연습문제

다음 문장의 어순을 맞게 정리하여 이메일 kklee@kangwon.ac.kr로 제출하세요.
파일명을 학번과 이름으로 할 것

① 是， 如何， 那些资料， 收集的?

② 那是， 故事， 一个女人的， 真实。

③ 他， 追寻， 为了拍戏， 女主角的事迹。

④ 他们， 许多， 增添了， 创作的内容。

⑤ 传记类的， 电影， 所谓， 大部分如此，

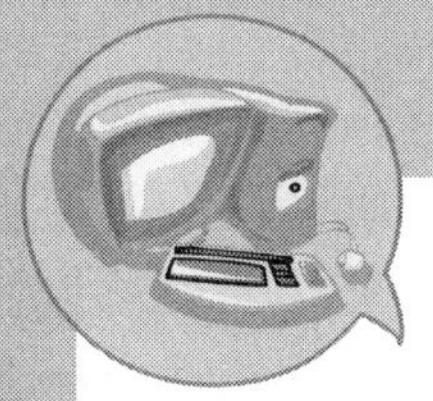

중국노래 배우기 : 등려군이 부른 " 月亮代表我的心"을 배워봅시다.

노래를 먼저 들어보세요 https://www.youtube.com/watch?v=2MmMLjED9cA

你问我爱你有多深，我爱你有几分?
Nǐ wènwǒ ài nǐ yǒuduōshēn, wǒ ài nǐ yǒujǐfēn?

我的情也真，我的爱也真，月亮代表我的心.
Wǒde qíng yězhēn, wǒde ài yězhēn, yuèliang dàibiǎo wǒdexīn.

你问我爱你有多深，我爱你有几分?
Nǐ wènwǒ àinǐ yǒuduōshēn, wǒ àinǐ yǒujǐfēn?

我的情不移，我的爱不变，月亮代表我的心。
Wǒde qíng bùyí, wǒde ài búbiàn, yuèliang dàibiǎo wǒdexīn

轻轻的一个吻，已经打动我的心。
Qīngqīngde yíge wěn, yǐjīng dǎdòng wǒdexīn.

深深的一段情，教我思念到如今。
Shēnshēnde yíduàn qíng, jiāowǒ sīniàn dào rújīn.

你问我爱你有多深，我爱你有几分?
Nǐ wènwǒ ài nǐ yǒuduōshēn, wǒ ài nǐ yǒujǐfēn?

你去想一想，你去看一看. 月亮代表我的心。
Nǐqùxiǎngyixiǎng, nǐqùkànyikàn. yuèliang dàibiǎo wǒdexīn.

당신은 내게 물었지 얼마나 당신을 사랑하는지?

내가 당신을 얼마나 많이 사랑하는지?

내 마음은 진심이예요   내 사랑도 진심이에요 저 달빛이 내 마음이에요

당신은 내게 물었지 얼마나 당신을 사랑하냐고?

내가 당신을 얼마나 많이 사랑하는지 내 마음은 떠나지 않고 내 사랑은 변하지 않아요

저 달빛이 내 마음입니다.

부드러운 입맞춤 이미 내 마음을 움직였지

아득한 그리움 지금까지 당신을   떠올리게 만드네

당신은 내게 물었지 얼마나 당신을 사랑하냐고 내가 당신을 얼마나 많이 사랑하는지?

마음에 그리며 생각해 보세요 바라보세요 저 달빛이 내 마음이에요

단어

移 yí 이동하다

轻轻 qīngqīng 가볍다, 부드럽다

打动 dǎdòng 감동시키다

深深 shēnshēn 깊은

变 biàn 변하다

吻 wěn 키스하다

思念 sīniàn 추억하다

代表 dàibiǎo 대표하다

보충설명

"教我思念到如今" 구절에서 "教"는 사역동사로 "A로 하여금 B하게 하다"라는 의미이다. 주의할 것은 이때 "教"를 제1성으로 읽어야 한다. "教"는 1성 "jiāo"의 경우 동사로 사용되고 4성 "jiào"의 경우 명사로 사용된다. 이렇게 한 글자가 발음이 2개 이상인 경우 이런 글자를 파음자(破音字)라고 한다. 다음과 같은 예를 꼭 기억하자.

教授 jiàoshòu   교수 (명사)

教书 jiāoshū   책을 가르치다(동사) 즉 교사의 다른 표현

요즈음은 중국 가요를 통해서도 중국어를 많이 익히는 것 같습니다. 그래서 중국어 노래와 가사를 듣고 다운 받을 수 있는 사이트를 소개합니다.

http://baidu.9ku.com/song/%E6%9C%88%E4%BA%AE%E4%BB%A3%E8%A1%A8%E6%88%91%E7%9A%84%E5%BF%83

이곳은 사실 중국 최신 가요부터 아동 동요까지 모두 들을 수 있습니다.

물론 다른 사이트 예를 들어 http://mp3.sogou.com 에서도 가능합니다.
이 사이트의 검색창에서 "我等你"라는 노래의 제목을 치면 다음과 같은 화면이 나오지요
여기서 역시 노래와 가사를 다운 받을 수 있습니다.

만약 여러분들이 중어중문학과 학생이나 중국인 유학생이라면 "文学城(http://www. wenxuecity.com/)"도 매우 유용한 사이트이지요, 특히 "文学城"의 "人在韩国" 은 중국인들이 한국에 와서 생활하며 느낀 감정을 표현한 곳입니다. 중국인들의 한국에 관한 생각을 알 수 있어 좋지요. 그런데 이런 곳들은 모두 중국어로 되어 있어 초급자들에게는 다소 어려움이 있습니다.

간체자 쓰기 연습

长 cháng	长	长	长						
听 tīng	听	听	听						
资 zī	资	资	资						
没 méi	没	没	没						
错 cuò	错	错	错						
发 fā	发	发	发						
真 zhēn	真	真	真						
实 shí	实	实	实						
戏 xì	戏	戏	戏						
剧 jù	剧	剧	剧						
迹 jì	迹	迹	迹						

MEMO

登机手续

탑승수속

职员 : 请问, 抽不抽烟?
Qǐngwèn, chōu bu chōu yān?

阿美 : 不抽烟。
Bù chōuyān.

麻烦你, 给我靠窗的位子好吗?
Máfan nǐ, gěi wǒ kào chuāng de wèizi hǎo ma?

职业 : 好, 没问题。
Hǎo, méi wèntí.

您只有这两件行李吗?
Nín zhǐyǒu zhè liǎng jiàn xínglǐ ma?

阿美 : 是的。
Shì de.

职员 : 对不起, 小姐。 你的行李超重了, 得负一点钱。
Duìbuqǐ, xiǎojiě. Nǐ de xínglǐ chāozhòngle, děi fù yīdiǎn qián.

阿美 : 多少钱?
Duōshǎo qián?

职员 : 美金十块钱。
Měijīn shí kuài qián.

阿美 : 好。
Hǎo.

职员 : 这是你的登机证。 手续都办好了。
Zhè shì nǐ de dēng jī zhèng. Shǒuxù dōu bàn hǎole.

새로 나온 단어

- 请问 qǐngwèn 말을 묻다, 실례합니다
- 抽烟 chōuyān 담배 피다
- 位子 wèizi 자리, 위치
- 只有 zhǐyǒu 단지. 오직
- 超重 chāozhòng 중량 초과
- 负钱 fù qián 돈을 내다
- 登机证 dēngjīzhèng 탑승권
- 办 bàn 처리하다
- 靠 kào 의지하다 ~에 가깝다.
- 行李 xínglǐ 짐
- 对不起 duì bu qǐ 미안합니다
- 得 děi ~해야만 한다
- 美金 měijīn 달러
- 手续 shǒuxù 수속

해석

직　원 : 실례입니다만, 담배피시나요?
아메이 : 아니요.
　　　　미안하지만, 창가의 좌석으로 주실수 있나요?
직　원 : 네. 그러지요.
　　　　짐이 단지 이 두 개뿐입니까?
아메이 : 네.
직　원 : 미안합니다. 아가씨. 짐이 무게를 초과해서 돈을 좀 내셔야겠어요.
아메이 : 얼마입니까?
직　원 : 10달러입니다.
아메이 : 좋습니다.
직　원 : 여기 탑승권이요, 수속이 모두 끝났습니다.
아메이 : 감사합니다.

1 "请问"

중국어에는 우리말 처럼 존대말이 없지만 전체적인 문장으로 존경을 표현한다고 할 수 있다.

그러므로 처음 만난 사람에게 질문을 할 때는 반드시 "请问"을 사용하는 것이 예의 바르고 상대방을 존중하는 의미인 것이다.

① 请问, 您贵姓?　　　　　　실례지만, 성함이 어떻게 되십니까?

　　Qǐngwèn, nín guìxìng?

② 请问, 你是学生吗?　　　　실례지만 당신은 학생이십니까?

　　Qǐngwèn, nǐ shì xuésheng ma?

2 긍정부정형의 의문문

일반적으로 의문문을 만드는 방법은 세 가지가 있다.

① 의문조사 "吗"를 사용한다.

　　他是老师吗?　　　　　　그는 선생님입니까?

　　Tā shì lǎoshī ma?

② 의문대명사 "谁" 什么" 등을 사용한다.

　　你是谁?　　　　　　　　당신은 누구입니까?

　　Nǐ shì shéí?

③ "是不是" "有没有" 처럼 동사의 긍정부정형을 사용한다.

　　马利雅是不是以色列人?　마리아는 이스라엘 사람입니까?

　　Mǎ lìyā shì bu shì Yǐsèliè rén?

③ 목적어가 두 개인 문장

"给"는 동사로 사용하면 "…에게…을 주다"의 의미로 간접목적어와 직접목적어
를 갖는다.

① 张老师给我勇气。　　　　장선생님은 나에게 용기를 주었다.

　　Zhāng lǎoshī gěi wǒ yǒngqì.

② 妈妈给我一点钱。　　　　엄마가 내게 돈을 조금 주셨다.

　　Māma gěi wǒ yīdiǎn qián.

④ 只有

부사로 사용하면 "오직"이란 의미로 사용하고 접속사로 사용하면 "~해야만 한
다"는 의미를 표현한다.

① 我们只有这个方法。　　　우리에게는 오직 이 방법밖에 없다(부사)

　　Wǒmen zhǐyǒu zhège fāngfǎ.

② 只有这样做才能解决问题。

　　Zhǐyǒu zhèyàng zuò cáinéng jiějué wèntí.

　　이렇게 해야만 이 문제를 해결할 수 있다(접속사)

⑤ "得"

"得"는 일반적으로 구조조사로 사용되는 경우가 많지만 여기서는 조동사로 사용
되어 "…해야만 한다."의 뜻이다. 이럴 때는 "děi"로 읽는다.

① 总得想法子。　　　　　　어떻게든 방법을 강구해야만 한다.

　　Zǒngděi xiǎng fǎzi.

② 有错误, 得要改。　　　　잘못이 있으면 고쳐야만 한다.

　　Yǒu cuòwù, děi yào gǎi.

보충단어

- 以色列 Yǐsèliè 이스라엘
- 方法 fāngfǎ 방법
- 错误 cuòwù 착오, 과오
- 勇气 yǒngqì 용기
- 解决 jiějué 해결하다

변환연습

只有	两	件	行李	吗?	Zhǐyǒu liǎng jiàn xínglǐ ma?
三	本	书			sān běn shū
四	张	纸			sì zhāng zhǐ

간체자

- 师 (師)
- 气 (氣)
- 谁 (誰)
- 错误 (錯誤)

연습문제

아래 대화를 해석하고 지금까지 배운 "한어병음 입력법"을 이용하여 한자 위나 아래 혹은 옆에 한어병음이 보이도록 입력하여 아래 주소로 제출하세요.

kklee@kangwon.ac.kr 파일 이름은 여러분의 학번과 이름을 사용하세요.

马丽：你去哪儿?

敬文：我去体育馆。

马丽：有什么比赛吗?

敬文：有篮球比赛。

马丽：谁比谁比赛?

敬文：韩国队跟中国队比赛。

马丽：你喜欢什么运动?

敬文：滑冰，游泳，跆拳道，我都喜欢。

马丽：你游泳游得好不好?

敬文：我游得不好，没有大卫游得好。

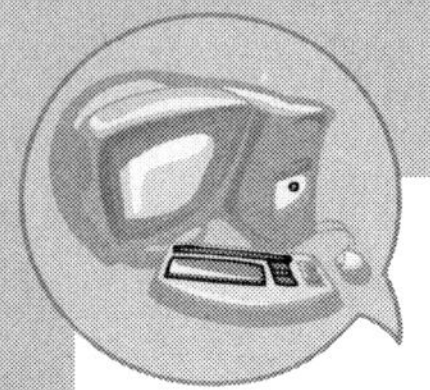

앞의 연습문제를 쉽게 처리하는 방법을 배워봅시다. "구글 번역기"를 사용하면 한 번에 처리가 가능합니다. 구글 번역기로 들어가 번역기를 아래와 같이 중국어에서 한국어로 변환한다.

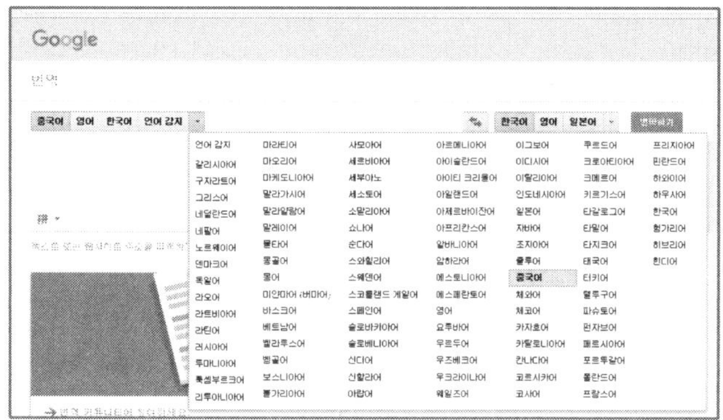

다음 왼쪽에 번역할 중국어 원문을 복사하여 붙인 후 번역하기를 클릭한다.

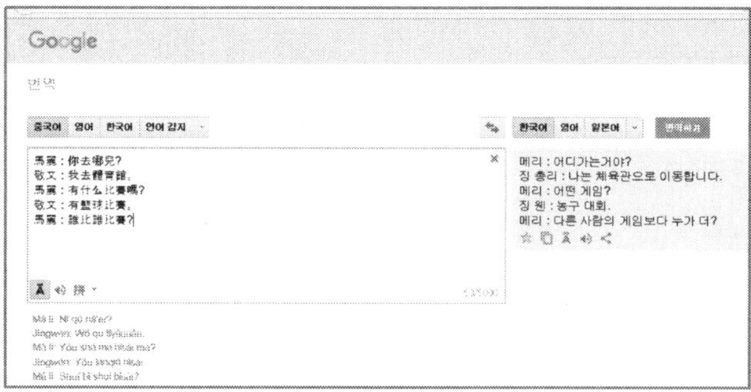

위의 그림에서 왼쪽이 본문 아래 쪽이 한어병음 우측이 한국어 번역임을 알 수 있다. 한어병음은 거의 완벽하지만 번역은 아직 불완전하므로 네이버 중국어 사전 등을 사용하여 내용을 수정하기 바랍니다.

보충자료

중국은 외국인과 화교에 대한 중국어 교육을 위해 중국어를 인터넷에서 무료로 공부하게 유도하고 있습니다. 이런 사이트를 한번 찾아서 중국어를 공부하는 것도 좋겠지요.

1. 글로벌 중국어 교육센터 http://www.huayuworld.org/

2. 中国网　http://www.china.org.cn/e-learning/1.htm

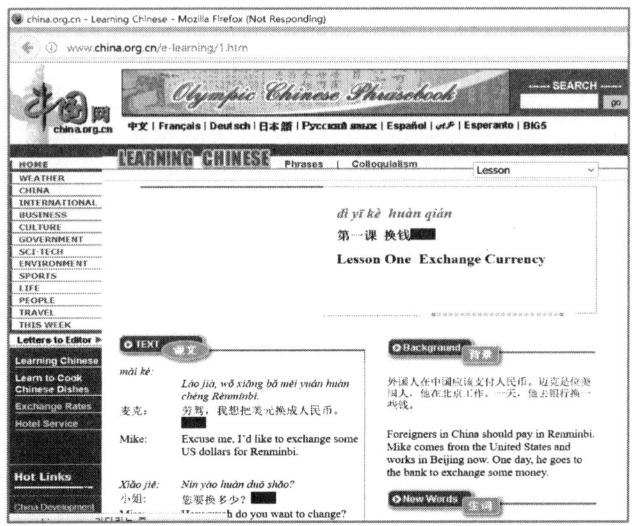

机 机 机 机							
jī							
续 续 续 续							
xù							
职 职 职 职							
zhí							
员 员 员 员							
yuán							
请 请 请 请							
qǐng							
问 问 问 问							
wèn							
烦 烦 烦 烦							
fán							
窗 窗 窗 窗							
chuāng							
这 这 这 这							
zhè							
对 对 对 对							
duì							
钱 钱 钱 钱							
qián							

海关

세관

检查员 : 你从哪里来?
Nǐ cóng nǎli lái?

阿美 : 加拿大。
Jiānádà.

检查员 : 你的行李很多，请打开行李箱。
Nǐ de xínglǐ hěnduō, qǐng dǎkāi xínglǐ xiāng.

阿美 : 没什么，都是点小礼物。
Méi shénme, dōu shì diǎn xiǎo lǐwù.

检查员 : 你有什么申报的吗?
Nǐ yǒu shé me shēnbào de ma?

阿美 : 没有. 我只带一瓶酒而已。
Méiyǒu. Wǒ zhǐ dài yī píng jiǔ éryǐ.

检查员 : 在免税单上，请签名。
Zài miǎnshuì dān shàng, qǐng qiānmíng.

阿美 : 这样就可以吗?
Zhèyàng jiù kěyǐ ma?

检查员 : 是的。
Shì de.

새로 나온 단어

- 海关 hǎiguān 세관
- 礼物 lǐwù 선물
- 打开 dǎkāi 열다
- 一瓶酒 yī píng jiǔ 술 한병
- 而已 éryǐ ~ㄹ뿐이다
- 免税单 miǎnshuì dān 면세 서류
- 这样 zhèyàng 이렇게
- 检查员 jiǎnchá yuán 검사원
- 加拿大 Jiānádà 캐나다
- 行李箱 xínglǐ xiāng 짐 가방
- 只 zhǐ 단지, 오직~밖에 없다
- 申报 shēnbào 신고하다
- 签名 qiānmíng 사인하다
- 就 jiù 곧

해석

검사원 : 어디에서 오십니까?

아메이 : 캐나다요.

검사원 : 짐이 매우 많군요. 짐 좀 열어주세요.

아메이 : 별거 없어요. 모두 자질구레한 선물입니다.

검사원 : 뭐 신고할 물건이 있습니까?

아메이 : 없습니다. 단 술 한 병 뿐입니다.

검사원 : 면세 준비 서류에 싸인하세요.

아메이 : 이러면 되나요?

검사원 : 예.

어법 및 해설

1 "点"

"点"은 양사이다. 일반적으로 명사를 수식하고 수량이 매우 적은 것을 표시한다. 이 양사와 어울리는 수사는 "一"과 "半"이 있을 뿐이다. 경우에 따라서 "一"를 생략하기도 한다.

① 你看点书吧。　　　　너 책 좀 봐라.(공부 좀 해라)

　Nǐ kàn diǎn shū ba.

② 他学过一点中文。　　그는 중국어를 좀 배웠다.

　Tā xuéguò yīdiǎn Zhōngwén.

② "只"

"단지·다만"의 의미로 동사의 동작이나 사물의 숫자 등을 제한한다.
只 zhī 1성이면 수를 세는 단위인 양사로 사용한다

① 我只会唱国歌。　　　나는 애국가만 부를 줄 안다.

　Wǒ zhǐ huì chàng guógē.

② 他只去过一次台湾。　그는 대만에 한 번 가보았다.

　Tā zhǐ qùguò yícì Táiwān.

③ "而已"

의미와 용법은 "罢了(bàle)"와 같고, "이와 같을 뿐이다"라는 의미이다. 어감을
약하게 만드는 작용이 있다.

① 说说而已, 别当真。　　말 해본 것뿐이니 사실로 생각지 말라.

　Shuō shuō éryǐ, bié dàngzhēn.

② 这不过是旧事重提而已, 并无新的内容。

　Zhè búguò shì jiùshì chóng tí éryǐ, bìng wú xīnde nèiróng.

　이는 과거 일을 다시 거론하는 것에 불과하고 결코 새로운 내용이 없다.

④ "在"의 용법

"在"가 개사로 사용되면 "…에, …있어서"의 의미로 행위나 동작이 이루어지는
시간·장소·범위·상황을 표시한다.

① 火车在下午一点到达。　　기차는 오후 한시에 도착한다.

Huǒchē zài xiàwǔ yīdiǎn dàodá.

② 他在会议上发言。　　그가 회의에서 발언하다.

Tā zài huìyì shàng fāyán.

변환연습

行李很多。	Xínglǐ hěnduō.
你的行李很多。	Nǐ de xínglǐ hěnduō.
你带的行李很多。	Nǐ dài de xínglǐ hěnduō.
你要带的行李很多。	Nǐ yào dài de xínglǐ hěnduō.
你要带的这些行李很多。	Nǐ yào dài de zhè xiē xínglǐ hěnduō.

연습문제

1. 다음 문장을 작문을 해 보세요.

   ① 기차는 오후 열시에 도착한다.

   ② 그가 회의에서 발언한다.

   ③ 말 해본 것뿐이니 사실로 생각지 말라.

2. "北京奥林匹克"에 관련된 최신 자료를 찾아보세요. 그다음 그 파일을 선생님에게 이메일로 보내세요. kklee@kangwon.ac.kr 파일 이름은 학생의 학번과 이름으로 하세요.

중국어 자료 찾고 저장하기

우리가 지금까지 배운 중국어와 컴퓨터 실력으로 중국자료를 찾아서 저장해봅시다.

외국을 여행하다보면 해당 국가의 현금을 많이 소유하게 되면 출입국할 때 신고를 해야만 합니다. 그렇다면 중국은 중국돈(RMB)을 최대한 얼마나 갖고 출국할 수 있을까요?

일단 중국 포털 사이트를 정한다. 여기서는 www.qq.com 을 활용하여 포털 찾기에 海关 hǎiguān 人民币 Rénmínbi를 입력합니다.

그러면 아래와 같은 화면이 나타납니다.

다음 맨 위에 나온 자료를 클릭하면 우리가 원하는 자료를 얻을 수 있습니다.

위의 그림에서 굵은 글씨는 중국인이 "출입국시 중국돈 2만원을 소지할 수 있다"고 했네요. 이 내용을 복사하여 한글워드에 "텍스트 형식으로" 붙이면 됩니다.

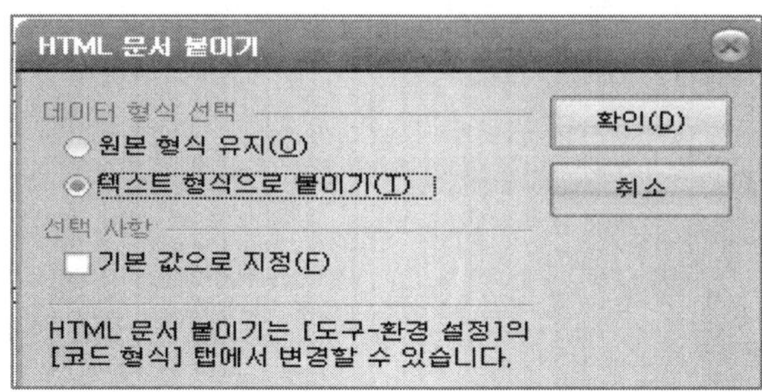

한글워드로 문서붙이기

위의 그림은 한글워드에 복사해서 붙일 때 보이는 메뉴입니다. "텍스트 형식으로 붙이기"를 선택하면 한글워드에서 편집이 가능한 문서가 됩니다.

간체자 쓰기 연습

检	检	检	检					
jiǎn								
员	员	员	员					
yuán								
从	从	从	从					
cóng								
请	请	请	请					
qǐng								
开	开	开	开					
kāi								
什	什	什	什					
shén								
么	么	么	么					
me								
点	点	点	点					
diǎn								
礼	礼	礼	礼					
lǐ								
报	报	报	报					
bào								
吗	吗	吗	吗					
ma								

MEMO

回国

귀국

회화

阿美 : 我打算下个月回国。
Wǒ dǎsuàn xià ge yuè huíguó.

英杰 : 你带中国多久呢?
Nǐ dài Zhōngguó duōjiǔ ne?

阿美 : 快三年了。
Kuài sān niánle.

真舍不得离开这儿。
Zhēn shěbude líkāi zhèr.

英杰 : 你在北京认识了不少好朋友吧。
Nǐ zài Běijīng rènshi le bù shǎo hǎo péngyǒu ba.

那么, 我去机场送你, 好不好?
Nà me, wǒ qù jīchǎng sòng nǐ, hǎo bu hǎo?

阿美 : 不用, 我想坐出租汽车去。
Búyòng, wǒ xiǎng zuò chūzū qìchē qù.

过去三年, 真感谢你们的照顾。
Guòqù sān nián, zhēn gǎnxiè nǐmen de zhàogù.

새로 나온 단어

□ 打算 dǎsuàn ~ㄹ 생각이다　　　　□ 快 kuài 빨리

□ 舍不得 shěbude 아쉽다　　　　□ 带 dài 지나다. 붙어있다

□ 离开 líkāi 떠나다　　　　□ 下个月 xià ge yuè 다음달

□ 认识 rèn shi 알다 인식하다　　　　□ 机场 jīchǎng 비행장

□ 出租汽车 chūzū qìchē 택시　　　　□ 照顾 zhàogù 돌보다

해석

아메이 : 나는 다음 달에 귀국하려고 한다.
잉지에 : 너는 중국에 얼마나 오래 있었지?
아메이 : 거의 삼년이지.
　　　　정말 이곳을 떠나기가 아쉽다.
잉지에 : 너는 북경에서 많은 좋은 친구를 사귀었지.
　　　　그러면 내가 비행장에 가서 너를 환송할게. 어때?
아메이 : 그럴필요 없어. 나는 택시로 가려고 해.
　　　　지난 삼년간 정말 네 보살핌에 고마워

어법 및 해설

① "快…了"의 용법

"곧 …된다"의 의미로 짧은 시간안에 곧 일어나게 되는 일에 대한 표현으로 "快…了"를 사용한다.

　　① 你再等一会儿, 他快回来了。 조금만 더 기다려라, 그가 곧 돌아올 것이다.
　　　Nǐ zài děng yǐhuǐr, tā kuài huíláile.
　　② 快暑假了。　　　　　　　곧 여름 방학이다.
　　　Kuài shǔjiàle.

② "多+형용사"의 용법

"多+형용사"의 용법은 "얼마나"의 의미로 의문문에서는 정도·범위·수량을 묻거

나 감탄문에서는 강한 찬사를 표시한다.

① 汉城车站多远?　　　　서울역은 얼마나 멉니까?

Hànchéng chēzhàn duō yuǎn?

② 我还要等多久?　　　　나는 아직 얼마나 오래 기다려야 합니까?

Wǒ hái yào děng duōjiǔ?

③ "舍不得"의 용법

"동사 + 不得"는 "…해서는 안 된다"는 금지의 의미와 "… 할 수가 없다"는 가능의 의미, 두 가지 뜻이 있다. 여기서 "不得"는 경성임을 주의한다.

① 那样的事, 你做不得。　　　그런 일을 너는 해서는 안 된다.

Nàyàng de shì, nǐ zuò bu de.

② 你千万说不得。　　　　너는 절대 말해서는 안 된다.

Nǐ qiān wàn shuō bu de.

③ 吃不的。　　　　먹을 수 없다.

Chī bu de.

④ "认识"와 "知道"의 차이

이 두 단어는 어떤 사물이나 사람·상황에 대하여 "안다"는 의미이지만 그 깊이나 정도에 차이가 있다.

① 我想认识他, 请你给我介绍一下。

Wǒ xiǎng rènshi tā, qǐng nǐ gěi wǒ jièshào yíxià.

나는 그 분과 사귀고 싶은 데 소개 좀 해주세요.

② 我想知道他, 请你给我介绍一下。

Wǒ xiǎng zhīdào tā, qǐng nǐ gěi wǒ jièshào yíxià.

나는 그 분을 알고 싶은 데 소개 좀 해주세요.

③ 我们十年前就认识了。　　우리는 십여 년 전부터 서로 아는 사이다.
　Wǒmen shí nián qián jiù rènshile.

주의 : 특히 예문 ③번에서 "认识" 대신에 의미가 비슷하다고 하여 "知道"를 사
　용하면 말하는 사람의 진의를 잘못 이해하였다고 말할 수 있다.

보충단어

☐ **暑假** shǔjià 여름방학　　　　☐ **汉城车站** Hànchéng chēzhàn 서울역
☐ **千万** qiānwàn 절대로　　　　☐ **介绍** jièshào 소개하다

변환연습

1. 我　打算　下个月　回国。　Wǒ dǎsuàn　xiàgèyuè　huíguó.
　　想　　明天　　回去　　　　xiǎng　　míngtiān　huíqù.
　　要　　後天　　去　　　　　yào　　　hòutiān　　qù.

2. 你在 北京　认识了　不少好 朋友吧。Nǐ zài Běijīng rènshile bùshǎo hǎo péngyǒu ba.
　　　汉城　买了　　　东西　　　　Hànchéng mǎile　　　dōngxi
　　　吉林　吃了　　　料理　　　　Jílín　　chīle　　　liàolǐ

간체자

☐ 会 (會)　　　　　☐ 汉 (漢)
☐ 远 (遠)　　　　　☐ 样 (樣)
☐ 认识 (認識)

연습문제

다음 문제의 해답을 입력하여 이메일 kklee@kangwon.ac.kr로 제출하세요.
파일명을 학번과 이름으로 할 것

1. 다음 문장의 순서를 올바르게 고치세요.

   ① 나는 이미 중국어를 배웠다.

   　己经,　学过,　我,　中文.

   ② 그가 내게 돈을 조금 주셨다.

   　给,　他,　我,　钱,　一点.

   ③ 황선생님은 나에게 용기를 주었다.

   　我,　给,　黄老师,　勇气.

2. 다음 문장을 한어병음으로 표기해 봅시다.

   ① 他只去过一次春川.

   ② 请问到图书馆怎么走?

인터넷 자료를 이용하여 택시관련 회화를 배워봅시다.

http://www.china.org.cn/e-learning/8.htm

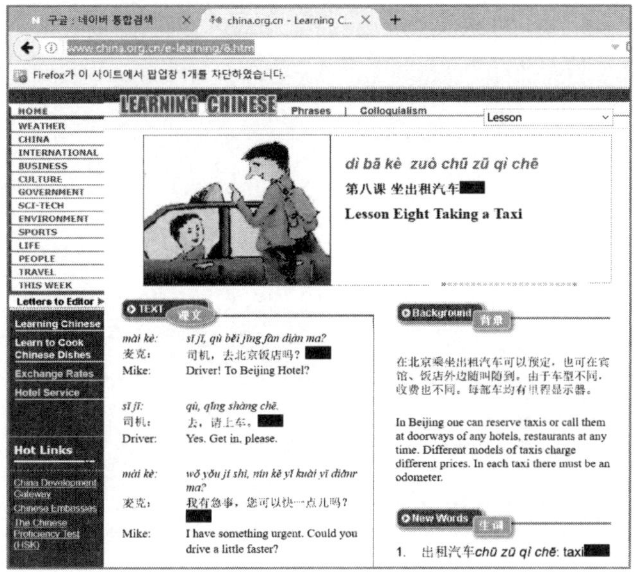

이 사이트는 영어를 모국어로 하는 사람에게 중국어를 가르치는 곳입니다. 모두 53개의 상황회화가 있습니다. 지금 위에서 소개한 내용은 8번째 강좌입니다. 각 강좌는 새로 나온 단어, 본문, 영문해석으로 되어 있습니다. 이 기회에 영어회화도 익혀두세요.

带	带	带	带				
dài							
国	国	国	国				
guó							
离	离	离	离				
lí							
认	认	认	认				
rèn							
识	识	识	识				
shí							
机	机	机	机				
jī							
场	场	场	场				
chǎng							
汽	汽	汽	汽				
qì							
车	车	车	车				
chē							
过	过	过	过				
guò							
顾	顾	顾	顾				
gù							

问路

길을 묻다

美丽 ：请问, 到动物园怎么走?
Qǐngwèn, dào dòngwùyuán zěnme zǒu?

清吉 ：你沿着这条马路一直走, 过前面红绿灯,
Nǐ yánzhe zhè tiáo mǎlù yīzhí zǒu, guò qiánmiàn hónglùdēng,

往右拐就是了.
wǎng yòu guǎi jiùshìle.

美丽 ：动物园离这儿很远吗?
Dòngwùyuán lí zhèr hěn yuǎn ma?

清吉 ：坐车不太远, 走路可就远了。
Zuòchē bú tài yuǎn, zǒulù kě jiù yuǎnle.

美丽 ：几路车可以到动物园呢?
Jǐ lù chē kěyǐ dào dòngwùyuán ne?

清吉 ：不少公共汽车都可以到。
Bù shǎo gōnggòng qìchē dōu kěyǐ dào.

美丽 ：公共汽车站在哪儿?
Gōnggòng qìchē zhàn zài nǎr?

清吉 ：你看到马路斜对面的公车牌子吗?
Nǐ kàn dào mǎlù xié duìmiàn de gōngchē páizi ma?

0 号跟 9 号都可以到。
líng hào gēn jiǔ hào dōu kěyǐ dào.

美丽 ：那太方便了。我要去搭车了。谢谢你。
Nà tài fāngbiànle. Wǒ yào qù dāchēle. Xièxie nǐ.

새로 나온 단어

- 怎么 zěnme 어떻게
- 沿着 yánzhe …을 따라서
- 红绿灯 hónglǜdēng 신호등
- 拐 guǎi 돌다 꺽다
- 车站 chēzhàn 정류소
- 公共汽车 gōnggòngqìchē 버스
- 斜对面 xié duìmiàn 비스듬한 건너편
- 公车牌子 gōngchē páizi 버스 팻말
- 方便 fāngbiàn 편리한

- 马路 mǎlù 대로, 큰길
- 一直 yīzhí 곧장
- 往 wǎng ~쪽으로
- 动物园 dòngwùyuán 동물원
- 离 lí ~로부터
- 远 yuǎn 먼
- 搭车 dāchē 차를 타다

해석

메이리 : 실례합니다. 동물원은 어떻게 갑니까?

칭 지 : 이 큰 길을 따라서 곧장 가서 앞에 신호들을 지나 우회전하면 바로 동물원입니다.

메이리 : 동물원은 이곳에서 매우 멉니까?

칭 지 : 차를 타면 별로 멀지 않고 걸어가면 좀 멀지요.

메이리 : 몇번 버스가 동물원에 갑니까?

칭 지 : 적지 않은 버스들이 모두 갑니다.

메이리 : 버스 정거장은 어디에 있습니까?

칭 지 : 길 비스듬히 건너편으로 버스 팻말이 보이시지요? 0번과 9번 모두 갑니다.

메이리 : 매우 편리하군요. 버스를 타야겠습니다. 감사합니다.

1 "沿着"

"…을 따라"의 의미로, 개사구조를 만들어, 지나온 노선이나 장소를 표시한다. "沿着"와 "沿"의 의미는 같다. "沿着"는 뒤에 오는 단어가 비교적 길거나 의미가 다소 추상적인 경우에 사용한다.

① 沿着南京路一直往东走, 就是黄浦江。

Yánzhe Nánjīng lù yīzhí wǎng dōng zǒu, jiùshì Huángpǔ jiāng.

남경로를 따라 쭉 동쪽으로 가면 바로 황포강이다.

② 我们沿着公路种了一千多棵水杉。

Wǒmen yánzhe gōnglù zhòngle yīqiān duō kē shuǐshān.

우리는 국도를 따라 천여 그루의 삼나무를 심었다.

2 "一直"

⑴ "곧장"의 의미로, 방향이 변화가 없음을 표시한다. 주로 구체적인 노선이나 방위를 가리킨다.

过桥一直朝前走, 就是我们的学校。

Guò qiáo yīzhí cháo qián zǒu, jiùshì wǒmen de xuéxiào.

다리를 건너 곧장 앞쪽으로 가면 바로 우리 학교다.

⑵ "계속"의 의미로, 상황이 한가지로 유지됨을 표시한다. 주로 시간이나 범위를 가리킨다.

① 从前天起, 雨一直下了整整两天。

Cóng qiántiān qǐ, yǔ yīzhí xiàle zhěngzhěng liǎng tiān.

그제부터 시작해 비가 이틀간 계속 내린다.

주의 : "一直"는 "到"와 함께 사용하여 사용하면 "一"를 생략할 수 있다.

⑶ "줄곧(始终)"의 의미로, 동작이나 상태가 변화가 없음을 표시한다.

① 最近几天天气一直非常暖和。 최근 며칠간 날씨가 줄곧 매우 온화하다.

Zuìjìn jǐ tiān tiānqì yīzhí fēicháng nuǎnhuo.

3 "离 + 명사"

개사구조를 이루어 부사어로 사용하고, 시간·공간 혹은 사물간의 거리를 표시한다.

① 离开车只有半小时了, 快走吧。

Lí kāi chē zhǐyǒu bàn xiǎoshíle, kuàizǒu ba.

출발시간이 겨우 30분 남았다. 빨리 갑시다.

② 我家离县城不过三里多路。 우리 집에서 도시까지는 불과 3리 길이다.

Wǒjiā lí xiànchéng búguò sānlǐ duō lù

4 "可"

부사로 사용하여 "확실","적확"의 의미로, 강조의 어감을 표시한다.

① 人一多, 办法可也多了。 사람이 많아지면 방법도 확실히 많아진다.

Rén yī duō, bànfǎ kě yě duōle.

② 这样大的南瓜可没见过。 이렇게 큰 호박은 확실히 본적이 없다.

Zhèyàng dà de nánguā kě méi jiànguò.

보충단어

- 种 zhòng 심다
- 最近 zuìjìn 최근
- 县城 xiànchéng 도시
- 办法 bànfǎ 방법
- 水杉 shuǐshān 삼나무
- 暖和 nuǎnhuo 온화한
- 南瓜 nánguā 호박

간체자

□ 种 (種) 　　□ 县 (縣)

□ 办 (辦) 　　□ 离 (離)

□ 开车 (開車)

연습문제

"离+명사"의 개사구조를 사용하여 중국어작문을 한 후 이메일 kklee@kangwon.ac.kr로 제출하세요.

① 우리 집은 학교에서 멀다. (멀다 远)

② 출발시간이 겨우 30분 남았다.

③ 우리 집에서 도시까지는 불과 3리길이다.

인터넷을 이용해 길을 묻는 다양한 방법을 배워봅시다.

14강에 나온 자료로 세 번째 강좌입니다. 중국 북경의 구체적 지명을 알 수 있습니다.

http://www.china.org.cn/e-learning/3.htm

간체자 쓰기 연습

动 dòng	动	动	动						
园 yuán	园	园	园						
么 me	么	么	么						
条 tiáo	条	条	条						
灯 dēng	灯	灯	灯						
东 dōng	东	东	东						
远 yuǎn	远	远	远						
对 duì	对	对	对						
汽 qì	汽	汽	汽						
车 chē	车	车	车						
谢 xiè	谢	谢	谢						

　여러분 한 학기 동안 수고 하셨습니다. 부족한 점이 많은 강의였지만 가급적 쉽게 하려고 노력했습니다. 이 강의가 여러분들의 귀중한 시간을 낭비하게 만들지 않았기를 바랍니다.

편 자 약 력

▌이 경 규

　　강원대학교 중어중문학과 교수
　　대만대학교 중국문학 박사
　　EBS 초급 중국어 중급중국어 방송 (2001년~2004년)
　　고문허사사전(J&C), 중국인의 감정표현법(강원대학 출판부)

인터넷으로 배우는 중국어

초 판 인 쇄	2017년 02월 14일
초 판 발 행	2017년 02월 27일
편　　　자	이 경 규
발 행 인	윤 석 현
발 행 처	제이앤씨
책 임 편 집	최 인 노
등 록 번 호	제7-220호
우 편 주 소	서울시 도봉구 우이천로 353 성주빌딩 3층
대 표 전 화	02) 992 / 3253
전　　　송	02) 991 / 1285
홈 페 이 지	http://www.jncbms.co.kr
전 자 우 편	jncbook@hanmail.net

ⓒ 이경규, 2017. Printed in KOREA

ISBN 979-11-5917-051-5　　13720　　　　　　　　　　정가 11,000원

* 이 책의 내용을 사전 허가 없이 전재하거나 복제할 경우 법적인 제재를 받게 됨을 알려드립니다.
** 잘못된 책은 구입하신 서점이나 본사에서 교환해 드립니다.